KB104988

바다와 세계를 제패한 해신 장보고

장보고

초판 1쇄 발행일 | 2005년 12월 12일
초판 2쇄 발행일 | 2007년 9월 14일

지은이 | 이상인
펴낸이 | 김현주
펴낸곳 | 이룸

출판등록 | 1997년 10월 30일 제10-1502호
주소 | 121-840 서울시 마포구 서교동 395-172 상록빌딩 2층
전화 | 편집부 (02)324-2347, 영업부 (02)2648-7224
팩스 | 편집부 (02)324-2348, 영업부 (02)2654-7696
e-mail | erum9@hanmail.net
Home page | http://www.erumbooks.com

ISBN 89-5707-191-1 (44990)
89-5707-093-1 (set)

값 7,500원

청소년
평전24

바다와 세계를 제패한 해신 장보고

이 상 인 지 음

이룸

차례

1. 드넓은 바다를 가슴에 품은 소년

반농반어(半農半漁)로 생계를 이어가던 아버지를 따라 장보고는 장좌촌 앞에 있는 조음도(助音島) 밖의 바다에서 고기잡이와 노 젓기, 수영을 익히는 한편 활과 창으로 무술을 익혔다. 그의 나이 15, 16세 때 이미 신장이 6척이나 되고 기골이 장대했으며 성품 또한 정의감에 불타고 강직하여 사람들이 장수감이라 불렀을 정도였다.

짙푸른 바다는 한없이 펼쳐져 있었다.

구릿빛으로 빛나는 얼굴에 입술을 굳게 다문 궁복은 먼 곳으로 눈길을 보내고 있었다.

'바다는 가고자 하는 자들에게는 그 문을 열어 준다. 몰아치는 파도에 그 문을 쉽사리 보여 줄 것 같지 않지만, 원하는 자에게 길을 내어 주는 것이 바로 바다다.'

아버지가 들려주었던 바다 위의 길을 그는 한없이 내다보고 있었다. 미천한 신분의 해도인(海島人)으로 태어나 그저 궁복(弓福) 또는 궁파(弓巴)라고 불리고 있지만 자신의 처지를 비관하기보다도 먼 곳을 바라볼 줄 아는 꿈을 지닌 소년이었다. 또 그렇게 살기를 바라던 아버지는 늘 자신에게 바다는 길을 보여 줄 것이라 하지 않았는가.

'배 타고 그물이나 끌어 올리고 있다고 언제까지 물고기만 잡고 있으란 법은 없는 것이다. 궁복아, 너는 더 원대한 꿈을 꾸어야 한다. 사나이의 원대한 꿈을 말이다.'

원대한 꿈. 늘 궁복의 가슴에 자리 잡고 있는 이 원대한 꿈은 항상 앞날을 대비하여야만 이룰 수 있는 길이라 생각했다. 신라의 골품제도 때문에 궁복의 미래가 암울하다는 것을 판단한 아버지는 궁복으로 하여금 바다 밖으로 눈길을 돌리게 해서 이를 극복하게 하려고 했다.

'고기를 잡는 자에게는 고기만 줄 뿐, 바다를 주지는 않는단다. 애비도 숱하게 그물을 던졌다만 바다를 건져 내지는 못하지 않았더냐. 너는 저 바다를 품고 싶지가 않느냐.'

궁복은 다시 창을 잡고 바위를 뛰어올랐다. 그의 눈은 예리하면서도 깊은 생각에 젖게 하는 눈빛이었다.

'바다를 품기 위해서는 바다를 배워야 하겠지. 그 어떠한 난관에도 굴하지 않는 바다가 나에게 기회를 줄 것이다. 그 기회를 잡아야한다.'

무술로써 원대한 꿈을 이루겠다는 그의 노력은 마치 바위에 부딪쳐 산산이 부서지는 무서운 파도의 기세와 같았다. 그는 무서운 파도처럼 자신을 단련시키는 것만이 유일한 길이라는 것을 알고 있었다.

"백성들이 못 먹고 허덕이는 세상에서 어찌 큰일을 할 수 있겠느냐. 도성에까지 기근이 심하여 일천 석이 넘게 곡식을 풀어도 백성들의 곯은 배는 채워지지가 않는 게 지금이다. 어찌 나라가 이 꼴이 되었단 말이냐."

궁복은 아버지의 한탄하는 목소리가 귀에 익숙했다.

어디 도성뿐이었겠는가. 서쪽 지방에서는 지독한 가뭄에다 메뚜기 떼마저 극성을 부리는 처지였다. 이에 도적이 들끓어 나라에서 곡식을 풀어도 백성들의 원성은 좀처럼 가라앉질 않았다.

궁복은 날듯이 몸을 움직이다 절벽 위에서 멈추었다. 이미 그의 무술 실력은 모두가 알아줄 정도였다. 그것도 어려서부터 변변하게 물려줄 것이 없는 아버지의 권유에서 비롯된 것이기는 하지만, 그 또한 타고나기를 무인의 명운을 지니고 태어난 것이었다. 장수감이라 불릴 만큼 그의 몸은 거구였다. 거기에다 날렵함이 깃들었으니, 장정이라 해도 두엇은 눈 깜짝할 새 나가떨어질 정도였다. 그는 먼 바다를 바라보았다. 검은 구름이 몰려오고 있었다. 궁복은 원대한 꿈을 일깨워주던 아버지를 떠올리고 있었다.

사나흘을 연이어 비바람이 몰아치고 있었다.

요즘 들어 보름에 한번쯤은 이런 태풍이 밀려들고는 했지만, 이처럼 비바람이 거세기는 처음이었다. 억센 나무뿌리를 뽑아 버릴 정도의 모진 바람에, 쏟아 붓는 듯한 비가 내리고 있었다. 가뜩이나 삶에 찌든 백성들이 지붕이 뜯겨나가고 담장이 무너지는 것을 어찌 막아낼 수가 있단 말인가.

"천지신명도 오늘은 아주 끝장을 내실 판인가 보네그려."

"그나마 남은 집마저 바람에 날아가 버리면, 그땐 어쩔 텐가? 난 미련 없이 뜰 참이네."

"어딜 가게?"

"이렇게 뼈 빠지게 일해서 고작 요 꼴로 살 것이라면, 무슨 낙이 있겠는가? 갈라네. 가다 보면 어디든 여기보다는 그래도 낫지 않겠는가?"

"어디라고 살판나는 곳이 있겠나. 요즘 들어 해적들이 더 기를 쓴다는구먼. 나라에서는 뭣들을 하는지, 원."

"자네는 그 소리 못 들었는가?"

"뭔 소리 말이야?"

"우리 같은 사람들이 초적이 된다는 거여."

"쉬잇! 어쩌려고 그런 말을 입에 담는가. 나라에서도 난을 가라앉히려고 꽤나 골머리를 앓고 있다잖아. 그런 말 함부로 했다가는 뼈도 못 추린단 걸 몰라서 그러는가?"

"제 백성 보호도 못하면서 등골만 빼 대니 도대체 살 수가 있어야지, 살 수가!"

이미 신라 사회는 인심마저 흉흉해지고 있었다.

몇 해 연이은 가뭄에 곡식 낟알이라고는 찾을 수가 없게 되자 백성들이 스스로 좀도둑이 되어 나선다는 것이었다. 처음에는 두엇씩 낟알을 훔치며 다니다가는 다른 좀도둑들과 합세하여 그 세를 불려나가고 있었다. 먹고 살 수가 없어 쟁기 대신 칼을 든 백성들이었다. 그나마 다음해를 위해 깊은 곳에 숨겨 두었던 종자까지 드러내 굶주린 배를 채워야하는 이들에게 앞날이란 상상하기도 힘들었다. 이대로 앉아서는 그저 굶어 죽는 수밖에 없는 일이었다. 이대로는 죽을 수는 없었다. 남은 식구들의 목숨을 연명하기 위해 어쩔 수 없이 자식을 내다 파는 일까지 해야 할 지경이라, 사람들 사이의 정 또한 바짝 메말라버린 농토와 다를 바가 없었다.

나라의 서부 지방에 홍수가 나고, 나라에서 백성을 위문하여 1년간 조세를 면제해 준다 하더라도 가난 구제는 엄두도 내지 못하고 있는 때였다. 이러한 때에 하늘의 움직임 또한 기이한 현상들이 연이어 나타나고 있었다.

"요사스런 별이 동쪽에 나타났다네."

"무엇이? 뭔 일이 일어나려고 자꾸만 이러는 걸까?"

"저 별이 나타나면 하늘에서 큰 재앙을 내린다는데……."

백성들은 불안 속에서 근근이 하루를 버텨야 했다. 심각한 기근 때문에 각지에서는 벌떼처럼 도둑들이 일어나고 있었다. 이대로는 금방이라도 신라 전체가 뒤집어질지 모를 일이었다. 견디다 못한 백성들은 고향을 떠나기 시작했다. 유랑민이 되어 언제 잡혀 죽을지도 모르는 초적이 되어 버리고, 때로는 바다 건너 당나라나 일본으로 낙엽 같은 배를 타고 표류한다는 것이었다.

"절반도 못 살아 남았을 것이오. 천한 것으로 태어난 탓이지. 그것을 하느님이 어찌 하신단 말이오."

"허허, 그게 어디 백성들만의 잘못이란 말이오. 왕실은 선대의 평화스러움에서 사치스러운 풍조와 향락에 빠져 죽어 가고 있을 뿐이오."

"우리의 굶주림은 하늘의 탓만은 아니외다."

주막에 모여 술을 마시던 사람들조차 불만의 소리가 하늘을 찌를 듯했다. 그들은 평화로움을 찾을 길 없이 떠도는 초적이나 다를 바가 없었다. 그들의 원망의 대상은 하늘만이 아니었다. 왕실에서의 사치와 문란함만도 아니었다. 왕위 쟁탈전에 빠져 핏줄끼리 칼을 들이대고, 피를 흘리는 사람의 도리를 저버리는 일들이 자행되고 있는 것이었다. 백성들은 왕실에서 천륜을 어기며 피를 흘리는데, 어찌 하늘이라고 온전할 수 있겠느냐는 식의 불만이 뼛속깊이 쌓여있던 것이었다.

아침부터 추적추적 비가 내리고 있었다. 이미 궁복이 살고 있던 곳 사람들도 살림은 나을 것이 없었다. 그만큼 인심이 흉흉해지는 다른 지방과 크게 다를 바 없었다. 그런 우울함을 달래기라도 하려는 듯 궁복은 정년과 함께 바다로 나섰다.

정년은 그의 둘도 없는 친구였다. 두어 살 아래이기는 했지만, 그의 무술 솜씨가 오히려 궁복을 능가할 정도였다. 그 둘은 무술을 익히는 좋은 상대이기도 했고, 서로에게 의지할 정도로 마음이 잘 맞는 친구였다.

"바다로 가자. 궂은 날 바다도 제격이거든."

정년의 제안이었다.

궂은 날 바다에 나가는 것이 마음에 걸리기는 하였지만, 다양하게 변하는 바다는 늘 거역할 수 없는 존재였다. 궁복에게도, 정년에게도 바다는 평온하지만은 않았다. 빗발이 바람에 날리고 있었다. 파도가 너무 높다면 건널 수가 없을 것이다. 내심 궁복은 빗발을 가늠하며 정년을 바라보았다.

"위험하지 않겠어?"

"바람만 좀 불 뿐이지, 바다 속은 고요하다고. 왜? 벌써 겁먹은 거야?"

"바다는 바람과 파도와 물살 모두가 하나야. 만만하게 덤빌 그런 대상이 아니란 말이야."

궁복은 걱정스러운 낯빛이었다. 그것은 정년에 대한 걱정 때문이었다. 모험을 좋아하기는 하지만 어떤 때에는 지나칠 때가 있기 때문이었다. 그것도 궁복을 이기겠다는 마음이 앞설 때에는 자칫 위험 수위에까지 이르렀다. 지금도 정년의 눈빛에는 그런 경쟁심이 담겨져 있었다. 궁복은 그런 점을 주의하고 있는 것이었다. 물론 잠수 능력에서도 궁복과 막상막하이기는 하였다. 그런 능력을 지닌 정년이기는 하였지만 나이가 어리다는 것이 궁복은 항상 걱정스러웠다. 그 마음을 정년은 헤아리지 못하고 있었다. 오히려 나이가 적다는 것으로 자신을 걱정하는 궁복에 대하여 불평을 지닌 정년이었다.

"오늘은 조음도 말고 다른 섬으로 가기로 해."

"뭐라고? 그것은 무리야. 이런 날씨에 다른 섬이라니?"

궁복은 또다시 위험 수위를 넘으려는 정년의 눈빛을 보고 있었다. 그러나 정년은 여전히 궁복의 의지를 떠보려는 투였다.

"이번에 우열을 가리는 거야. 방마산으로 가자. 가지 않는다면 포기한 것으로 알고 나 혼자라도 다녀올 거야."

궁복은 정년의 제안을 받아들였다. 시합은 시합인 것이다. 그럴듯한 이유가 있다 하더라도 물러선다는 것은 패배를 의미하는 것이었다. 궁복은 정년에게 패배하고 싶지는 않았다. 이번 기회에 아예 정년의 높은 콧대를 보기 좋게 꺾어 버리는 편이 더 옳으리라 싶었다.

파도가 넘실거리는 바다 속에 뛰어든 둘은 빠르게 헤엄쳐 나갔다.

파도 속으로 파고들 듯 하며 나아가는 그 둘의 모습은 마치 돌고래 같았다. 평소와 달리 바다는 거칠었다. 자맥질 하듯 파도 속으로 사라진 정년은 한참 후 저만큼 궁복을 앞서 나가고 있었다. 궁복도 파도 속으로 파고들었다. 앞서거니 뒤서거니 건너 온 바다였다. 해안에 도착하면서 정년은 점점 속도를 늦추었다. 그 둘의 앞에 한 척의 낯선 배가 보였기 때문이었다.

"무슨 배일까? 이 섬엔 보통 배를 대지 않는데……."

궁복 또한 의아한 생각이 들었다. 점점 더 빗줄기는 굵어지고, 바람도 드세게 불었다.

'이렇게 궂은 날에 무인도의 뒤편에 배 한 척이 정박해 있다니…….'

이를 이상하게 여긴 궁복과 정년은 몸을 숨긴 채 섬을 조심스레 엿보았다. 이런 섬에 배가 있을 리가 없기 때문이다. 방마산의 주인 무리들이 사냥을 나왔다면 배를 섬의 뒤편에 댈 필요가 없지 않은가. 더욱이 지금 같은 날씨에 사냥을 나온다는 것도 말이 되지 않는 소리였다.

"뭔가 이상한 생각이 든다. 그렇지 않니?"

"응. 근데 도대체 뭘까?"

"일단은 조심하는 것이 상책이다. 저들의 정체가 무엇이든 간에 지금 이러한 날씨에 아무도 없는 이 섬에 저렇게 왔다는 것 자체가 의심스러워."

궁복과 정년은 미심쩍은 마음으로 섬을 뒤지던 끝에 서너 명의 무장한 사내들을 발견했다. 순간 궁복은 그들이 해적이라는 사실을 알아차렸다. 그들의 말소리는 거리가 멀어 들리지 않았지만, 간혹 바다 쪽을 내다보는 것으로 보아 또 다른 일행을 기다리고 있는 눈치였다.

"저들은 분명 해적들이다. 아무래도 안 되겠다. 저들만이 아니야. 또 다른 무리들이 있는 모양이다."

"해적? 그럼 어떻게 하겠다는 거야? 그냥 보고만 있을 참이야?"

"방법을 찾아야지. 섣불리 처리할 일이 아니다. 우리 둘로는 무기를 들고 있는 저들을 당해낼 수가 없어. 그리고 또 다른 무리들이 있다면 더더욱……. 정년아, 지금 다시 건너 갈 수 있겠니?"

궁복은 정년을 돌아보았다. 정년은 굳은 표정으로 고개를 주억거렸다. 궁복은 이내 결심한 듯이 정년의 어깨를 힘주어 잡았다.

"건너가서 도움을 청해야겠다. 빨리 가서 알려라. 나는 여기서 저들의 동태를 살피고 있을 테니까. 한시가 급한 일이지만, 그럴수록 허둥대지 말아야 한다."

정년은 궁복의 번뜩이는 눈빛을 마주하고 고개를 끄덕거렸다. 점점 더 거세게 일어나고 있는 물살을 지긋이 바라보면서 다시 한 번 정년은 어금니를 악물었다. 궁복을 남겨두고 떠나는 마음이 썩 내키지는 않았다. 만에 하나 그들에게 궁복이 잡히기라도 한다면 큰일이었다. 정년은 다시 궁복이 있는 쪽을 향해 돌아보았다. 궁복은 조심스레 몸을 낮추고는 정년을 향해 손을 내젓고 있었다.

물길을 건너는 것이라면 정년을 따를 사람은 없다. 그러나 파도가 만만찮아 이쪽으로 건너오기까지도 평소보다 갑절의 힘이 들었던 것이 못내 궁복의 마음에 남아 있었다.

궁복은 정년이 사라진 물길을 다시 살피고는 다리에 묶어 두었던 단도를 꺼내 들었다. 저들을 상대할 무기는 이것뿐이었다. 설령 저들의 무기 하나를 빼앗는다 하더라도 수적인 열세에다, 또 다른 무리들을 모조리 잡아 묶는 것도 혼자 힘으로는 불가능한 일이었다.

그는 곰곰이 생각에 잠겼다. 점점 거칠어 오는 파도가 이내 가라앉지는 않을 듯 보였다. 지금보다 조금 더 파도가 거칠어진다면 제 아무리 바다 속을 들락날락하는 해적이라 하더라도 선뜻 배를 띄우지는 못할 것이었다. 그만큼 정년에게 시간이 더 주어지게 되면, 그때까지는 어떻게 하든지 저들의 모든 것을 파악해야만 했다.

해안 마을에 자자하게 퍼진 얘기로는 해적은 왜놈들뿐만이 아니었다. 당나라의 해적들 또한 해안을 수시로 드나들며 노략질을 일삼는다는 것이었다. 그 사이에 신라인들까지 합세하여 제 동족을 내다 파는 무리가 있다는 말까지 돌았다. 해안은 그야말로 아수라장이었다. 누군가가 나서서 그 무리들을 소탕해야 할 것인데, 그만한 힘도, 군사도 없는 지경이지 않은가. 저들의 행동을 감시하기 위해서 궁복은 조금 높은 지대로 조심스레 몸을 움직였다. 까딱하다가는 저들과 생사를 건 싸움이 일어날 수도 있는 상황이었다. 그에게 있는 것이라면 그저 끝이 뭉툭한 단도 하나가 전부였다. 궁복이라면 장정 서넛쯤은 무기 없이도 상대할 수 있을 테지만, 이것은 생사를 건 싸움이기에 신중해야 했다.

궁복은 그들의 말소리가 들릴 정도의 거리에 숨어 그들의 동태를 살피고 있었다. 선명하게 확인할 수는 없었지만, 당나라 말도, 왜구의 말도 아니었다. 언뜻언뜻 신라의 말이 들려왔다. 가슴 한쪽이 무너지는 것 같았다. 제 동족에게 노략질하고, 그도 모자라 동족을 매매하는 놈들이었다. 아마 저들은 저 바다 한가운데로 나가 다른 해적들의 손에 사람들까지 넘길 것이었다. 단도를 든 궁복의 손끝이 바르르 떨렸다. 당장이라도 저들을 땅바닥에 내리꽂고 싶었다. 하지만 단 몇 명이라 하더라도 그 뿌리를 찾아내 뽑아 버리지 않으면 저들은 또 해안을 노략질할 것이었다. 궁복은 정년이 사람들을 데리고 오면 저들이나마 뿌리 채 뽑아 버리려 마음먹었다.

사람들은 방마산에 돼지, 사슴, 말 등의 짐승들을 풀어 놓고 키우다, 간혹 놀러 와서 키우던 짐승들을 사냥하곤 했다. 궁복의 마음속에서 또 다른 걱정이 하나 들었다. 그것은 사람을 피하려는 짐승들의 움직임이었다. 그러다 저들이 눈치라도 채게 된다면 큰일이었다. 만약 그렇게 되었을 때는 어찌해야 하는가. 궁복은 만일의 사태에 대비하는 것까지 생각하고 있었다.

궁복은 그들의 동태를 살펴 장정이 네 명이라는 것을 알아냈다. 그리고 대여섯 명의 사람들이 묶여 있다는 것까지 살펴보고 난 후에 조심스레 정박해 있는 배 쪽으로 다가갔다.

"날씨가 더러워서 어디 배를 띄우기나 하겠어?"

"그러게 말이야. 아무래도 오늘은 여기서 숨어야겠구먼."

가까이 가니 그들의 말소리를 알아들을 수 있었다.

날씨는 점점 더 나빠지고 있었다. 지금쯤이면 정년은 건너갔을 테지만, 사람들과 함께 배로 이곳으로 건너오기는 쉽지 않을 듯 보였다. 파도는 한층 더 거세어져 있었다.

"이런 날씨면 저쪽도 이곳에 오기는 힘들겠어. 우리도 배를 띄울 수는 없는 문제고. 여기서 하루 쉬기로 하지. 먹을 것이라도 준비해야 하지 않겠나?"

"그러지. 저것들은 어쩔 테야?"

"다 돈들이니, 조금씩은 먹여야지."

궁복은 묘안을 찾았다.

'안되겠다. 먼저 손을 써야만 된다. 이제 정년의 말을 듣고 사람들이 올 시간도 지나지 않았는가.'

우선 이들의 배를 바다에 풀어 버린다면, 이들은 오도 가도 못할 것이고, 네 명이라면 궁복도 자신 있었다. 어떡하든 해적들에 잡힌 사람들을 구하는 것이 급한 일이었다. 궁복은 무기로 쓸 만한 두어 발 가량의 막대를 구해 들었다. 그리고는 이내 배에 숨어들어 닻을 감아 올렸다. 늘 하던 일이라 손쉬운 일이었다. 그리고는 밧줄을 끊어 버렸다. 이제 배는 서서히 바다로 밀려 나가고 있었다. 궁복은 조금 더 배가 밀려 나가도록 하고는 이내 물속으로 뛰어 들었다.

"어, 배가 풀렸다! 배가 풀렸어!."

해적들은 첨벙거리며 배를 잡으려고 허둥거렸다. 이때 궁복이 재빠르게 창술로 순식간에 두 명을 그 자리에 내리꽂았다. 그의 창술은 눈에 보이지 않을 정도로 빨랐다.

"헉! 네놈은 누구냐?"

순식간의 일이었다. 칼을 들고 나타난 험상궂은 얼굴의 해적이 눈을 부라리고 있었다.

"네놈들을 잡으러 온 사람이다. 어서 칼을 내려놓지 못할까!"

궁복은 무겁게 가라앉은 목소리로 차갑게 소리쳤다. 움찔거리던 해적들은 이미 쓰러진 다른 놈들을 보면서 더욱 칼에 힘을 주고는 한꺼번에 달려들었다. 궁복은 정확하게 그들의 가슴을 가격했다. 그리고는 자리에서 날아오르듯 뛰어 올라서는 나머지 하나의 목을 정확하게 내리쳤다. 둘은 그 자리에 푹 쓰러졌다. 그리고는 이내 상대가 보통 실력이 아니라는 사실을 알아 차렸다. 그러나 이미 배는 저만큼 바다로 멀어지고 있는 상황이었다. 이제 이러지도 저러지도 못하는 처지가 된 그들은 무서운 기세로 달려들었다.

"네가 우리를 이렇게 능멸하다니! 맛 좀 보아라, 이놈. 에잇!"

"오냐, 오너라. 내 너희 같은 놈들을 상대하는 것은 누워 떡 먹기만도 못한 일이다!"

또 한 번 궁복은 자리를 박차 창을 휘둘렀다. 채 그들의 칼끝이 궁복에게 이르기도 전에 그 둘의 칼은 허공으로 흩어져 버리고, 궁복의 창끝에 이미 정신을 잃고 쓰러졌다. 궁복은 그들의 무기를 거두고는 묶여 있던 사람들을 풀어주고, 대신 그 밧줄로 그들을 모조리 묶어 버렸다.

"아이고, 생명의 은인이시다. 은인이야. 대명천지에 저런 흉악한 놈들의 손에서 죽겠거니 했는데……. 살았어, 살았다고!"

"젊은이, 고맙소이다. 이렇게 대단한 장수를 만나다니, 이제는 살았소이다."

궁복에게 인사를 하던 사람들 중에는 아이를 안은 젊은 여인네도 있었고, 나이 어린 아이들도 셋이나 섞여 있었다. 그리고 당나라에 간 신라 상인이라는 진운도 그들 속에서 상처 투성이의 얼굴로 궁복에게 거듭 머리를 조아렸다.

"자, 이럴 때가 아니옵니다. 저들이 혹 딴 생각을 못하도록 단단히 살펴보아야 합니다. 그리고 곧 제 친구가 사람들을 데려올 것입니다. 이곳은 위험하니, 다른 곳으로 옮겨야 합니다. 저들 말고 또 패거리가 있는 모양입니다."

"해안을 노략질하러 간 대여섯 명이 더 있어요. 놈들이 몰려올지도 몰라요."

이미 배는 까마득히 멀어진 상태였다.

"아마 그럴 일은 없을 것입니다. 배가 없어진 것을 알면 그들도 놈들이 먼저 떠난 것으로 생각할 테니까요. 지금 이 날씨에 배는 뜰 수가 없습니다. 비바람을 피하고 나서, 안전한 곳에서 기다리는 방법이 최선입니다. 저놈들은 관에 넘겨서 죄의 대가를 치르도록 해야 합니다."

궁복은 그들을 섬에서 안전한 곳으로 피하게 했다.

"나는 당나라의 신라 상인 진운이라 하오. 젊은이의 용기가 참말로 대단합니다."

"어찌하다 이렇게 되신 것이옵니까?"

"해상에서 당했어요. 다른 일행들은 바다 속에 빠져 어찌 되었는지 알 길이 없지요."

그는 눈물을 흘리고 있었다. 궁복은 이글거리는 눈빛으로 나무에 꽁꽁 묶인 해적들을 노려보고 있었다. 그들은 아무 말 없이 고개를 떨어뜨리고 있을 뿐이었다.

"어찌 같은 동족에게 칼을 들이대는 것도 모자라, 이리도 인명을 가볍게 여기는 것이냐. 내 네놈들을 단칼에 베어 버리고 싶다만……. 으음."

궁복은 어금니를 깨물었다.

정년이 사람들과 함께 건너온 것은 다음날 아침이었다. 다행히 해적들의 일행은 나타나지 않았다. 사람들은 궁복이 이미 해적들을 잡아 묶어 놓은 것을 보고는 장수감이라 하더니, 그 몫을 해냈다며 칭송하였다. 진운은 그의 손을 잡고는 반드시 자신을 찾으라는 말을 수도 없이 되풀이했다.

"그렇지 않으면 이 고마움을 전할 길이 없다네. 내 당나라의 배편에 자네에 대해 일러 둘 터이니, 꼭 나를 찾아 주게. 뭐든 도움이 된다면 다 해줄 것이니까."

정년에게도 그는 고마움을 표했다. 궁복은 자신보다 그 험한 파도를 헤치고 사람들에게 알린 정년을 더 높이 추켜세웠다. 그러나 정년은 그것이 마음에 들지 않았다. 이렇게 일이 될 것이라면 자신과 함께 해적들을 해치웠어도 되지 않았겠느냐는 것이었다.

"네가 쉽사리 오지 못할 날씨였지 않느냐? 이렇게 하지 않으면 안 되겠다 싶어 한 일이다. 네가 아니었으면 어찌 사람들을 안전하게 데려갈 수 있었겠니. 그 험한 바다를 건너간 것은 너 아니면 가능하지 않은 일이야."

"이번엔 어쩔 수 없어 넘어가지만, 다음번에는 내 생각대로 할 것이오."

정년은 단단히 궁복에게 다짐을 받았다. 매번 일의 뒷전으로 밀려나는 것이 못내 속상한 그였다. 하지만 궁복이 자신의 공을 인정해 주었기에 마음이 다소 풀어졌다.

이 일은 완도 일대에 순식간에 소문이 퍼졌다. 궁복은 대단한 장수로 떠올랐던 것이었다. 그러나 그 소문에 마냥 즐거워할 수는 없었다. 해적의 다른 패거리들이 자신들의 동료가 잡혔다는 것을 알고, 몰래 그들을 찾고 있었기 때문이었다. 자연히 궁복에 대한 이야기는 그들의 귀에 들어갔다.

"그런 애송이한테 당했단 말이야? 이런 쓸모없는 것들. 내 앞에 잡아와. 그렇지 않으면 너희들도 가만두지 않을 테다."

해적의 우두머리는 그 소식을 접하자 참을 수 없다는 듯 온몸을 부르르 떨며 소리쳤다.

"애송이라고는 해도 창술은 물론이요, 활에는 아예 도통한 놈이랍니다. 또 그놈 하나만이 아니라, 꼭 같이 다니는 놈이 있는데 그놈이 오히려 낫다는 말도 있어요. 두목님, 피하는 게 낫지 않을까요?"

"뭐라. 그런 놈을 피해? 지금 제 정신이야? 내 앞에 데려와! 그렇지 않으면 네놈들을 팔아버릴 테니까, 알겠어?"

궁복과 정년은 곧 심상치 않은 일이 들이닥칠 것만 같았다. 둘은 더욱 붙어 다니기 시작했다. 만약을 대비해서였다. 정년이 나서서 궁복에게 조심할 것을 일렀다.

"무슨 일이든 나와 함께 해야 돼. 까딱하다간 쥐도 새도 모르게 당한단 말이야."

"그놈들이 아직 이곳에 남아 있다는 말이냐? 이번에야 말로 놈들을 싹 쓸어버려야겠다. 짐승만도 못한 놈들이다. 이놈들, 내 앞에 나타나기만 해 봐라."

"놈들은 앞에 나타나지 않는단 말이야. 기습을 하는 놈들이라고. 항상 뒤를 조심해야 될 놈들이야. 혼자서 일을 처리하다간 큰일 날 수 있다는 걸 명심해."

"알았다. 든든한 네가 있잖아. 너 또한 마찬가지다."

궁복과 정년은 이제 자신들에게 언제 들이닥칠지 모르는 위험에 휩싸여 있었다. 궁복 또한 활까지 준비해서 더욱 무예에 힘을 쏟았다. 활이라면 그 누구보다도 자신 있었다. 하지만 그것은 거리를 두고 있을 때 가능한 무기였다.

"너희들에게 이를 말이 있다. 건너오너라."

하루는 궁복의 어머니가 그 둘을 불러 앉혔다. 어머니 역시 그 둘에 대한 심상치 않은 소문을 듣고 있었던 것이다. 저들을 그 흉악한 놈들에게 당하게 할 수는 없는 일이었다.

"아버지가 살아 계셨을 때에도 자주 너희들을 당나라로 보내고자 했었단다. 지금이 그때라 생각되는구나. 어떻게 하겠느냐?"

궁복은 아무 말이 없었다.

"왜 아무 말도 없는 것이냐?"

"어머니, 저희들이 걱정을 끼쳐드려서 그러시는 것이지요?"

"아니라고는 하지 않겠지만, 어차피 아버지의 뜻을 따르는 것이 옳지 않겠느냐?"

"하오나, 그럼 제가 없으면 어머닌 누가 돌보아 드립니까?"

"그런 말은 하지 마라. 사내가 더 큰일을 하기 위해 떠나는 길이 아니냐! 그것 말고 다른 사사로움은 말도 하지 말거라. 여기는 내가 알아서 해나갈 것이다. 내 그럼 그렇게 알고 이제부터 배편을 알아보아야겠다. 항상 몸조심해야 한다. 알겠지?"

궁복은 어머니의 붉게 상기된 얼굴을 바라볼 수 없었다. 정년도 마찬가지였다.

"너희들은 친형제처럼 살아야 한다. 하나보다는 둘이 더 나은 법이다. 행여 서로 우애를 버리는 일이 없도록 해야 할 것이야. 이제까지 너희들이 그렇게 지내 왔던 것을 모르는 사람들이 있더냐. 그 마음도 항상 잊지 말아야 할 것이다. 여기저기 싸움질이나 해서는 사람도 쓸모가 없느니라. 나라를 위해서든, 굶주리는 백성들을 위해서든, 아니면 자신의 출세를 위해서든 어떤 길이라도 옳다고 생각하면 한눈팔지 말고 쭉 걸어가야 한다는 것을 명심해야 할 것이다."

궁복은 굳은 결심을 했다. 이것이 바다를 향해 가는 길이었다. 아버지가 들려주셨던 그 원대한 꿈을 향해 가는 길이었다.

'내 반드시 저 바다를 가슴에 품고 돌아올 것이다.'

2. 원대한 꿈을 안고 바다를 건너다

청년으로 성장한 궁복은 정년과 함께 먼 길을 떠났다. 그 둘 모두 입신출세를 하겠다는 포부를 가지고 있었다. 신라에서 이미 무술로 고수가 된 인물들이었다. 더는 그들과 상대할 자가 없었다. 그러나 궁복은 저 바다처럼 넓고 큰 야망을 품지 않는다면 단 하루도 버틸 수가 없을 것만 같았다. 그의 고국인 신라 또한 마찬가지였다. 저 드넓은 바다를 향해 큰 날개를 펼치지 않는다면, 그 앞날은 막막하기만 했다.

"무슨 생각을 그렇게 하고 있어?"

"언젠가 돌아올 때를 생각하고 있었다."

궁복의 눈빛에는 조금도 흔들림이 없었다. 떠나면서 돌아올 때를 생각하는 사람답지 않게 반드시 돌아올 때를 알고 떠나는 사람처럼 비장감마저 눈빛에 서려 있었다. 정년은 그런 그의 눈빛을 스쳐 시나브로 사라지고 있는 고국의 모습을 향해 먼 눈길을 보내고 있었다.

"난 돌아오지 않을 테야."

단호한 목소리였다. 정년의 눈동자에 물기가 어렸다. 돌아올 것이라면 떠나지 않았을 것이다. 물기 어린 눈동자가 파르르 떨리며, 입술을 깨문 정년은 어느 결엔가 주먹을 불끈 쥐고 있었다.

진운은 그런 그들의 모습을 물끄러미 바라보고 있었다.

"이 바다를 건너며 많은 사람들이 꿈을 꾸고는 하지. 아마 우리 선조께서도 그렇게 꿈을 꾸면서 떠나셨지 않았나 싶네. 어떤 이는 유학의 길을 떠나고, 어떤 이는 가난을 견디지 못하고 양식을 해결하기 위해 무작정 배를 타기도 했다지. 또는 끌려 와서 아무 희망 없이 살아가는 사람들도 많이 있다니, 바다가 꼭 꿈을 꾸는 자들만 넘나들게 하는 길은 아닌 모양이네."

진운은 깊은 생각에 잠긴 듯한 목소리로 말했다. 그 말 속에서 궁복은 아버지의 음성을 듣는 듯했다.

'저 바다를 품고 싶지 않느냐. 고기를 잡는 자에게는 고기를 주지만, 바다를 주지는 않는다.'

궁복은 지금 아버지의 말처럼 더 원대한 꿈을 위하여 이 바다를 건너고 있는 것이었다. 이리저리 막혀 버린 길을 찾아, 스스로 그 엄청난 파도 속으로 뛰어든 것이었다.

"그러나 이 바다에서 신라인들을 따라 갈 자들은 없다네."

"신라인들이 그렇게 뛰어납니까?"

그것은 희망의 빛이었다.

"이 바다를 항해하기 위해서는 신라인들의 배 만드는 기술이 없어서는 안 되며, 설령 배를 얻었다 하더라도 항해의 길을 다 외우고 있는 그런 사람들을 얻지 못하면 안 될 것이며, 그리고 각국의 말들을 번역하는 역어들 또한 신라인이 아니라면 구할 수가 없을 테니까, 그야말로 이 바다에 배를 띄우기 위해서 신라인들 없이는 감히 엄두를 내지 못할 지경이야."

"그렇다면 신라인들이 이 무역을 주도하고 있단 말입니까?"

"실상은 그리 되어야겠지. 그러나 지금은 그 무역권을 이정기 일파가 쥐고 있는 형편이야. 이런 무역을 통해 얻은 막대한 재력을 바탕으로 한 그의 권세는 하늘을 찌를 듯한 태세라네."

궁복은 진운의 표정이 일그러지는 것을 똑똑히 보고 있었다. 이정기. 그다지 좋은 인상으로 다가오는 인물은 아니었다. 신라에서도 왕위를 놓고 피를 흘리고 있었고, 그 피비린내 속에서 궁핍해지는 것은 백성들이지 않았던가. 그의 하늘을 찌를 듯한 권세의 뒤편에도 그렇게 핍박받는 백성들이 있을 것은 당연한 것이었다. 지금 진운의 표정이 그것을 말하고 있는 듯싶었다.

"그는 당나라 제일의 무술가였어. 한번은 기세당당한 회흘 장수 한 명과 격투를 벌이게 된 일이 있었다네. 그곳에 모인 군사들은 저마다 회흘 장수가 정기를 칠 것이라고 호언하고 있었다지. 그러나 싸움이 시작되자 상황은 이내 달라졌어. 정기가 회흘 장수의 옷깃을 거머쥐고 그의 등을 내려치자 회흘 장수가 그만 오줌과 똥물을 함께 줄줄 싸 버렸던 거야. 구경하던 군사들이 이를 보고 소리를 지르면서 큰 소리로 웃었고, 회흘 장수는 부끄러워서 슬그머니 꽁무니를 뺐다네. 회흘 장수도 말을 타고 다니면서 천하를 호령할 만큼 무술이 출중하고 용맹한 대단한 장수였는데 말이야. 그런 무사를 일격에 해치워버렸을 정도였다는구먼."

궁복은 그 장면이 선하게 보일 듯싶었다.

"그런 장수가 어떻게 무역을 주도한단 말입니까?"

"말하자면 그는 절도사의 업무를 수행하면서 신라와 발해에 대한 당나라의 무역까지 수행하는 중요한 직책을 가졌던 거지. 그러나 그 재력을 더 확충하기 위해 별짓을 다하고 있으니……."

"별짓을 다하다니요?"

"무역을 하는 상인들을 쥐어짜는 것도 모자라서 노비 매매까지 자행하고 있다는구먼."

그것이 신라인 노비까지를 포함한다는 말에 이르러서는 궁복은 자신도 모르게 아랫입술을 깨물었다. 정년 또한 마찬가지였다. 피가 거꾸로 솟아오르는 듯싶어도 자신들의 처지를 생각하면 참아야 했다.

'무엇보다도 힘이 있어야 한다. 내가 지금 그들을 위해서 무엇을 할 수 있단 말인가.'

궁복은 가슴 속에서 울컥하고 치밀어 오르는 분노를 눌렀다.

"그렇다면 신라인들을 잡아다가 매매를 하는 것에 당나라 관리까지 합세했다는 것입니까?"

"이정기 일가가 관할하고 있는 산둥반도 지역에서 특히 등주 지역에서 심하다고 하네. 당나라에서조차 어떻게 막아 볼 도리가 없을 정도로 자기 멋대로 하는 자이니, 무역을 관장하면서 엄청난 부를 축적하고 그것을 바탕으로 천하를 엎을 생각인 게지."

"무역으로 그렇게 큰 부를 이룰 수가 있는 것입니까?"

"양주에는 왕청 대인이 있는데, 대인은 오래전부터 일본과의 무역을 통해 대단한 부를 축적한 분이라네. 물론 신라인이지. 또한 그곳은 저 파사국(페르시아)이나 대식국(아랍국) 같은 나라의 많은 상인들이 드나드는데, 거기에서도 중계무역으로 성공한 인물이지. 그런데 자네들도 장사를 천하게 여기는가?"

"아닙니다. 아버지께서도 바다에 뜻을 두라 하셨는데, 그것이 상인의 길이 아닐까 생각하기도 했었습니다."

"저는 그렇지 않습니다. 더 큰 꿈을 꿀 것입니다. 신라에서 하지 못했던 출세를 할 겁니다. 상인보다는 출세한 장군이 되고 싶습니다."

궁복은 정년의 말에 아무 말도 하지 않았다. 아버지가 일러 주신 바다에 뜻을 두라는 것이 무역을 통한 부유한 상인의 길이 아닐 수도 있었다. 정년처럼 입신출세하기를 내심 바라고 있었던 것인지도 모르는 일이었다. 그러나 바다는 입신출세보다 더 넓은 세계를 품고 있는 것이지 않은가. 아버지도 그 넓은 세계를 품으라 하신 뜻은 아니었을까. 아버지의 뜻은 헤아려 볼수록 더욱 그 의미가 깊었다. 감히 그 뜻을 완전히 헤아린다는 것은 불가능할 듯싶었다.

"어떤 물건들이 오가는 것입니까?"

"아마 듣지도 보지도 못한 것일 테지만, 저 대식국 쪽에서는 에메랄드라는 보석이, 파사국 쪽에서는 모직물 등과 다양한 목재들이 들어와 상류층 사이에서 불티나듯 사용되고 있다네. 어디 그뿐인가? 신라에서는 금, 은, 동, 직물, 약재, 향유, 말, 모피 등을 수출하고, 도자기 등 각종 공예품들에다가 견직물, 차, 서적, 회화 등 물품들을 사들이고 있지. 어떤가? 듣기만 하여도 가슴이 뛰지 않는가? 나는 늘 그렇다네. 이렇게 다른 나라의 물품들을 사고파는 배에 오르면, 왠지 모르게 가슴이 마구 떨린다네."

파도가 높이 오르기 시작했다. 동쪽 파도에 밀리는 선체는 서쪽으로 기우뚱 넘어질 듯했다. 배 안에는 모두가 바쁘게 각자 맡은 일에 열중하고 있었다. 궁복과 정년도 배 안에서 사람들을 도우며 간혹 일기 시작한 파도를 매섭게 바라보고 있었다. 앞으로의 길도 저와 같으리라 싶었다. 어느 한순간 파도에 휩쓸려 물고기의 밥이 될지도 모를 일이었다. 배는 파도위에서 오랫동안 움직였다.

"공험이라는 통행증이 있어야 들어갈 수가 있지만, 이미 내가 다 손을 써 놓았네. 자네들은 짐꾼들로 행세해서 나를 따르면 되네. 이리저리 두리번거릴 것도 없어. 그저 묵묵하게 짐을 메고 나를 따르게."

항구에 도착한 후 진운은 항상 그들 곁에 있었다. 번잡하고 화려한 항구의 모습을 둘러 볼 여유도 없이 궁복과 정년은 진운의 뒤를 따라 묵묵하게 짐을 날랐다. 알아들을 수 없는 당나라의 말들, 귀에 익숙한 신라 말, 그리고 이도 저도 아닌 이상한 말들이 뒤섞여 마구 항구를 들었다 놓고 있었다.

진운은 입국을 심사하기 위해 나온 신라소 압아(신라소의 관리) 앞에서도 태연하게 행동하고 있었다. 압아에게도 이미 손을 뻗어 놓은 상태였다.

"이미 자네들에 대한 얘기는 여기 신라인들이라면 다들 알고 있을 걸세. 그러나 항상 조심해야만 하네. 자네의 이름은 이곳에서 장보고라 하고 있어. '궁(弓)' 자가 들어가 있는 '장(張)' 이라는 성에다, '복(福)' 을 '보고' 라고 발음한 것이지. 그들도 나 못지않게 고맙게 생각하고 있다네. 그도 그럴 것이 해적들에게 애꿎은 목숨을 잃은 사람들도 셀 수 없을 정도지. 그 누가 나서서 그들을 쓸어버려 주길 바라고 있어. 하지만 그것을 누가 나서서 하겠는가."

진운은 길게 한숨을 내쉬었다. 그것 또한 재당 신라인들이 안고 있는 큰 문제였다. 신라 해안 마을들의 경우와 마찬가지였던 것이다. 해적들은 바다 곳곳에서 횡행하고 있었다. 궁복은 언젠가 자신의 힘으로 저 바다의 해적들을 모조리 쓸어버리기로 한 결심을 다시 한 번 떠올렸다.

"나라에서 해적을 막지 못한다면, 스스로라도 그 힘을 길러야 하지 않겠습니까?"

"늘 하는 말이네만, 해적질이 몸에 밴 놈들을 무슨 힘으로 당해 내겠는가? 아무튼 자네들의 힘이 아니었다면 지금 생각해도 아찔하기만 하다네."

궁복과 정년은 진운의 도움으로 무사하게 신라인들의 마을로 들어설 수가 있었다.

"자네들은 당분간 여기에 머물면서 할 일을 찾아 보게나. 그리 불편하지는 않을 것이네만, 매사에 조심하는 것은 잊지 말아야 하네. 얼마 후엔 여기서도 마음 놓고 지낼 수 있는 날이 올 테니까."

"어르신이 아니었으면 어찌 했을까 싶습니다."

"그 말은 내가 해야 할 것이지, 어찌 자네가 나에게 하는가. 앞으로 어려운 일이 있거나 부탁할 일이 있으면 이곳 어른께 하게나. 내가 자네들에게 의지가 될 수 있으면 그뿐이야. 내 자네들을 위해서라면 무엇이든 못하겠는가."

"하오시면……."

옆에서 묵묵히 듣고 있던 정년이 말끝을 흐렸다.

"뭔가? 어려워 말고 말을 해 보게나."

"앞으로 저희들이 할 수 있는 일이 무엇이 있겠습니까? 어차피 저희들은 남아로 태어나 출세를 하겠다는 큰 뜻을 품고 있었습니다. 그런데 그저 막막하기만 합니다, 어르신."

"자네들이야, 내 눈으로 직접 본 것이네만, 무술이 출중하지 않은가. 긴하게 쓰일 곳이 있으리라 생각되네. 장차는 이 바다를 누비는 사람이 되어야겠지. 너무 걱정하지 않아도 잘 될 걸세."

'무술이라…….'

궁복은 순간 얼굴에 자신감이 돌고 있었다. 그렇잖아도 신라인들이 무역을 할 때 해적들에게 수없이 당하고 있다고 하지 않던가. 그들을 위해서 무술 실력을 발휘하고 싶었다. 그러나 궁복은 생각을 털었다. 한낱 해적 몇을 해치운다고 그 뿌리를 파헤칠 수는 없는 일이었다. 그보다 더 원대한 그 무엇을 위해 건너온 길이었다. 당장의 앞일만 생각해서는 안 되었다.

'뿌리가 단단하지 못한 나무가 얼마나 위로 뻗겠는가. 그런 나무의 그늘이 겨우 얼마나 쉴 공간을 만들 수 있단 말인가.'

장보고. 그것은 당나라에서 생긴 궁복의 새로운 이름이었다.

처음부터 장사 일을 시작하기는 어려웠다. 그러나 무역 일에 대해 현장에서 배워갈 수는 있었다. 장보고와 정년은 진운의 소개를 받아 소금과 숯을 파는 상인의 일을 함께 하게 되었다. 그들이 맡은 일은 무역선을 해적으로부터 보호하는 일과 더불어 짐꾼의 일이었다.

"당장은 일을 손에 익히는 게 중요하지 않겠는가. 천릿길도 한걸음부터라 했어."

하지만 소금 짐을 지면서 정년은 나날이 불만이 늘어가고 있었다. 무술과는 거리가 먼 짐꾼의 일이 만족스럽지 않았다.

"조금만 더 기다려 보자. 우리가 이 일을 하자고 온 것은 아니지만, 때로는 때를 기다릴 줄도 알아야 하는 게 아니겠니?"

장보고는 정년에게 창을 던졌다. 일이 끝나고 나면 늘 하던 무술 연습이긴 하지만, 정년은 영 기운이 나지 않았다. 그러나 장보고는 몸을 풀면서 그런 정년을 일으켜 세웠다.

"조금만 더 기다려보자."

"우리가 어쩌자고 이런 일을 하고 있는지 도통 모르겠어."

정년의 투덜거림에도 일리가 있었다.

신라 상인들의 무역선에 대한 보호에도 한계가 있었다. 몇몇으로 그 해적들을 물리칠 수는 없었다. 아무리 뛰어난 무술을 지닌 사람이라 하더라도 체계적인 대책을 세우지 않는 한 어려운 일이었다. 다시 한

번 장보고는 그 한계를 뼈저리게 느끼고 있었던 것이었다.

"정예화된 병사들이 필요하다. 그러지 않고서는 이 문제를 해결할 수 없겠어."

"장사꾼이 되겠다고 건너온 것은 아니잖아. 이건 우리가 꿈꾸던 일이 아니야. 우리는 당나라에 출세하기 위해 온 거란 말이야."

장보고도 이번만은 정년의 투덜거림을 깊이 받아들이고 있었다. 지금으로서는 해결점이 보이지 않았다. 처음부터 시작해야 하는 것이다. 첫 단추를 제대로 채우지 않는다면, 어찌 그 끝이 단정하겠는가.

정년의 예리한 창 놀림에 장보고는 자신의 가슴을 내어주고 말았다. 정년의 승리였다.

"쳇, 먼저 연습하자고 해 놓고 딴생각에 빠지다니……."

며칠이 지나 장보고는 선주를 찾았다.

"무역선들의 안전을 얻기 위해서는 보다 더 조직적인 세력이 필요합니다. 힘깨나 쓴다는 장정들로는 저 극악무도한 해적들을 막아내기에 역부족입니다."

"그럼 무역선들을 무장이라도 하자는 말인가?"

"해적들과 맞서서 싸우기 위해서는 필요한 조치입니다. 그러지 않고서는 방법이 없지 않겠습니까?"

선주는 난감한 일이라는 듯한 표정을 지었다.

"그것을 어찌 마음대로 한단 말인가? 이곳이 아무리 자치적인 행정권을 지니고 있는 곳이라고는 하나, 그렇다고 통제 밖에 있는 것은 아니지 않은가?"

"먼저 단단한 세력의 기반이 필요합니다. 흩어져 있는 신라인들의 정신적인 힘의 결집을 통해 그 기반을 만들고, 그 위에 서서히 조직적인 세력을 구축해 나간다면 앞으로의 일에 대해 대비할 수 있지 않겠습니까?"

"음, 세력의 기반이라……."

"그리 해야만 합니다. 듣기로는 그 해적들은 먹고 살기 힘들어진 백성들을 도적질에 들어서게 하기도 하고, 때로는 못된 세력들의 비호 아래 이루어지기도 한다 합니다. 심지어는 무장한 상선까지 해적으로 돌변하기도 한다 하니, 그런 세력들을 발본색원하기 위해서는 무엇보다도 정예의 병사들이 있어야 합니다."

"무장한 상선이 해적이 된다? 그게 무슨 말인가?"

"그만큼 서로를 신뢰할 바탕이 없다는 것 아니겠사옵니까. 아니면 해적들이 상선으로 위장하여 약탈을 감행하는지도 모르는 일입니다. 무엇보다 그 기반을 단단히 하기 위해서는 정신적인 힘의 결집이 필요하다는 말씀입니다."

장보고는 앞날을 내다보고 있었다.

무역의 힘을 통하여 이정기는 당나라의 조정을 넘볼 만큼의 권력을 유지하고 있었다. 강력한 무역의 힘을 바탕으로 뭉친다면 그에게 해적들은 문제가 아니었다. 그리고 그 강력한 힘으로 바다를 묶을 수 있어야만 한다.

"그러니, 자네에게 정신적인 힘이 주어진다면 무엇이든 할 수 있다는 뜻인가?"

비범한 인물이라는 것은 이미 알고 있었지만, 당당한 장보고의 눈빛은 역시 예사롭지 않았다. 장보고는 굳게 입을 다물고 있었다. 이미 선주는 자신의 뜻을 간파하고 있지 않았는가.

"하오나, 지금은 때가 아니옵니다. 그런 힘이 주어지기에는 조금 더 때를 기다려야 하지 않겠나이까? 저는 무관이 되고자 하옵니다. 그리고 지금 우리에게는 힘깨나 쓰는 장정이 필요한 것이 아니라, 강력하고 합법적인 세력이 필요한 것입니다."

"내 자네의 뜻을 깊이 새기겠네. 그리고 그러한 뜻을 총관께 전할 수 있도록 힘써 보겠네. 하지만 무관이 되고자 한다는 말은 무슨 말인가?"

"생각하고 있는 바가 있사옵니다. 좀 더 생각해 본 후에 말씀을 드리기로 하지요."

장보고는 이미 진로를 어느 정도 생각해 놓고 있었다. 하지만 아직 그것에 대해 결정은 내리지 못하고 있던 상황이었다. 어찌되었건 정년과 지금 이대로 있을 수만은 없었다.

“아우야, 우리 무령군에 입대하는 것은 어떨까?”

“무령군? 당연히 해야지, 당연히!”

장보고는 며칠 전 무령군에서 군사를 모집한다는 사실을 알고 있었다. 그 무렵, 당나라에서는 당 황제에게 도전장을 던진 이정기 일가로 인하여 정국이 헤아릴 수 없는 회오리에 휩싸여 있었다. 이정기에 관한 얘기라면 진운으로부터 당나라에 들어올 때 이미 조금은 듣고 있던 바였다. 그러나 그의 권세는 듣던 것보다는 훨씬 강대했다.

장보고와 정년은 무령군의 입대를 위한 무술 시험에 응했다. 당연한 결과이긴 하였으나, 장보고는 활 솜씨에서 그 누구의 추종도 허락하지 않았다. 달리는 말 위에서도 정확하게 목표물을 향해 활을 쏘았고, 화살은 명중이었다. 정년 또한 자신의 특기인 창술에서 뛰어남이 두드러졌다.

무령군 절도사 이원 또한 그 자리에 참석해 있었다. 그리고 그 옆에는 왕지흥이 시험 광경을 지켜보고 있었다. 왕지흥은 본래 이정기의 부하였다. 이정기의 휘하 장수 중 이유라는 자가 있었는데, 그는 이유의 부하 아졸이었다. 그러나 지금 그는 무령군에서 이정기 일가의 반란을 진압하는 선봉에 서게 된 것이었다. 이유의 선봉장에서 활약하던 그는 이정기가 사망하고 그의 후손들의 분쟁이 일어났을 때 이유가 조정에 투항하자 그를 따라 투항하여, 무령군 소속으로 평로치청군을 공격하는 입장에 서게 된 것이다.

“저 자들은 누구인가? 무술이 남들보다 월등하구나.”

“장보고와 정년이라 하옵니다. 신라국 출신이온데 탁월한 실력을 지녔습니다.”

“으음. 자네가 저들을 맡아 잘 가르치도록 하게. 꽤나 큰 재목임에는 분명하네.”

왕지홍 자신도 아졸에서부터 시작하여 장수에까지 오른 사람으로서 지금 그의 눈에 자신처럼 탁월한 능력이 돋보이는 그 둘을 보자 옛 생각이 차올랐다. 왕지홍은 장보고와 정년을 자신이 맡고 있는 기병에 입대시켰다.

장보고와 정년은 자신들이 시험에 통과하고 남다른 촉망을 받고 있다는 이야기를 전해 들었다. 이제껏 갈고 닦은 그들의 무술을 당당하게 인정받은 것이었다. 그러나 정년이 기뻐하는 것에 비해 장보고는 신중한 얼굴이었다.

이정기. 그는 고구려의 유민으로 당 황제에게 도전장을 던진 인물이었다. 장보고는 다시 깊은 생각에 빠져 들었다.

‘우리들은 뿌리를 같이하는 같은 민족이 아닌가.’

잠시의 흔들림을 정년은 그냥 지나치지 않았다. 그의 눈은 정확하게 장보고의 마음을 꿰듯 일침을 가했다.

“그는 우리들의 적일 뿐이야. 그에 대한 조금의 연민도 나는 용서할 수가 없어. 우리 신라인들을 생각한다면, 지금의 그런 모습은 사치에 지나지 않아. 여기 우리들에게 남겨진 일은 우리들 스스로 이 인생의 난관을 슬기롭게 극복하는 것뿐이야."

장보고는 정년의 날카롭게 빛나는 눈빛을 바라보았다. 아무 말도 없이 오랫동안 그렇게 바라보던 장보고는 이내 깊은 한숨을 내쉬고는 낮은 목소리로 정년에게 말했다.

"무엇보다도 나는 그의 세력 속에 있었던 우리 신라인들을 생각하고 있는 것이다. 그들의 앞날은 어떻게 될 것인지……. 이제까지 살아왔던 그들의 힘들이 이번 사태로 인해 나락으로 떨어지는 것은 아니겠는가하고 말이다."

정년은 다시 날카로운 눈빛으로 장보고를 바라보았다. 이번 기회는 자신뿐 아니라 그에게도 다시없는 기회였다. 이번 기회를 놓쳐서는 그 어떤 일도 이룰 수가 없었다. 그야말로 새롭게 인생을 꽃피워 나갈 절호의 기회였다. 정년은 이것이 자신에게 찾아 온 행운이라 생각하고 있었다. 그러나 지금 장보고는 흔들리고 있었다. 단지 그가 같은 민족이라는 것 때문에. 평소 그에게 인간적인 정이 넘칠 듯 흐르고 있는 것은 모르는 바가 아니었다.

"그가 우리 신라인들에게 어떻게 했는지 잊었어? 이렇게 당나라에서 신라인이 노비로 매매되고 있는 것이 무엇 때문인지를 잊었냐는 말이야. 그에 대해서 연민을 갖는다는 것 자체가 잘못된 일이야. 신라 사람들을 노예로 팔아먹은 인간을……."

"그것은 해적들의 소행이다. 이정기의 소행이라고 단정 짓지는 말아라. 난 그렇게 생각하지 않아. 해적들에 대한 대비가 미비한 것도 사실이지 않는가. 한 인간을 단편적인 면만 보고 그의 모든 것이라 평가한다는 것 자체가 잘못된 것이야. 내가 지금 그에게 갖고 있는 마음도 연민이 아니다. 그가 망하게 되었을 때 우리 신라인들이 당해야 할 고초를 먼저 생각하는 것이지. 너는 하나만 생각하고 있는지, 나는 그것이 답답하다."

정년은 자리를 박차고 일어났다. 그 모습을 장보고는 냉랭한 눈빛으로 바라보고 있었다.

'우리의 뿌리도 이제 거뜬히 바위 하나를 파고들 정도는 되겠지, 그렇지 않겠나?'

진운 어른의 말이 귀에 쟁쟁하게 들려왔다. 백년이 넘는 세월동안 바위 하나 뚫지 못할 신라인이 아니지 않는가. 하지만 장보고는 이미 신라인들의 그 무서운 뿌리의 힘을 하나로 모은다면 바위가 아니라 저 깊은 바다 속이라도 뚫어 버릴 수 있다고 믿었다. 그런 면에서 이정기 일가는 그런 역할을 할 수가 없었다. 이미 그들은 대륙으로 그 힘을 쏟아 부었기 때문이었다. 그들의 뿌리 끝은 바다가 아니라 대륙이었던 것이다.

"내가 만약 네 뜻을 따르지 않는다면 그때는 어떻게 할 것이냐?"

아직 등을 돌리고 있는 정년에게 다가가서 장보고가 물었다.

"뜻이 서로 달랐다면 이렇게 큰소리도 치지 않았겠지. 그럼 내가 형님의 뜻을 따르지 않는다면 그때는 어떻게 할 건데?"

"생각하지 않았다."

장보고는 대답하지 않았다. 그와 걸어 온 길이 짧지 않았기 때문이었다. 그리고 여기에서 그와 그 길을 나누어 가고 싶지도 않았다. 가야 할 길이 있다면 걸어 온 길도 있는 법이다. 정년을 생각하면 걸어 온 길과 걸어 갈 길이 늘 하나로 뻗어 있을 뿐이었다. 장보고는 입가에 잔잔한 미소를 지으며 정년의 어깨를 쓸어안았다.

"네가 없었으면 어찌 이곳까지 왔겠느냐. 그리고 너와 함께 가는 길이 없다면 어찌 가야할 길이 있겠느냐. 잠시 생각이 많았을 뿐이다."

장보고와 정년은 무령군에 입대한 후 이정기에 대한 교육을 지속적으로 받았다. 훈련에서도 그들은 남들보다 뛰어난 병사들이었으나, 당나라의 세력 싸움에 대한 이해력은 남들보다 더욱 노력이 필요한 부분이었다.

당나라는 8세기 말부터 지방 세력들이 일어나면서 중앙집권체제의 기반이 흔들리고 사회가 혼란스러워졌다. 지방 세력은 번진을 중심으로 점점 그 세력을 강화해 나가기 시작했다. 지방의 행정 단위인 번진은 그 우두머리가 관찰사였다. 또 그는 지방에서 군의 최고 지휘관을 뜻하는 절도사를 겸하기도 했다. 절도사는 관할 지역의 군사 관련 업무, 일반 백성들에 대한 업무, 경제와 예산 관련 업무를 모두 관장하여 강력한 권력을 휘두를 수 있었다.

"산둥반도는 평로치청 절도사의 관할에 있었다. 그 당시 안사의 난에 공을 세운 후희일이 이곳 절도사로서 평로군과 치청군을 다스리고 있었는데, 그의 나태함이 극에 달하자 부하들의 원성이 자자하게 일게 되고, 이때를 이회옥은 놓치지 않았던 것이다. 그도 그의 친척이었던 후희일을 몰아내고 스스로 평로치청의 우두머리가 된 자이다."

어찌되었건 정년으로서는 이정기의 목을 베고 싶었을 뿐이었다. 그 자의 수급을 베는 날, 그가 입신양명하는 것은 불 보듯 뻔한 일이었다. 그러나 장보고는 달랐다. 그에 대한 정확한 정보를 바탕으로 그를 알고 싶었다. 적을 아는 것 또한 가장 중요한 것이었다.

당나라 조정에서는 이회옥에게 정기라는 이름을 내리고 그를 평로치청 절도사 겸 해운압신라발해양번사(발해와 신라의 해상 교역을 관장하는 업무를 담당하는 직책)로 임명하였다. 그야말로 그는 신라와 발해에 대한 당나라의 외교권을 쥐게 된 것이었다. 그는 산둥반도 일대의 10개 주를 관장하면서 인근에 있는 번진들과 함께 관리까지 독자적으로 임명하였는데, 외부에서 망명해 온 사람이나 죄를 짓고 도망쳐 온 사람들을 모아 관리로 임명하여 우대했을 뿐 아니라, 조정에 공물을 납부하지 않았다. 이정기의 소왕국을 형성해 나갔던 것이었다. 그의 군사 또한 10만에 이르러 주변의 번진들조차 두려운 존재로 급부상했다.

그때부터 이정기는 조정에 반기를 든 것이다. 조정에서는 지방의 번진들을 진압하는 임무를 최우선 과제로 내세웠다. 특히 가장 강력한 반당번진이었던 이정기가 이끄는 세력을 진압하기 위한 거점으로 변주를 정하고서 그곳에 성을 쌓았다.

이정기는 조정의 이러한 조치에 대항하기 위해 오늘날 강소성의 서쪽 끝에 위치한 서주의 병력을 증강하고 그곳에 자신의 친척인 이유를 자사로 임명하여 파견하였다. 그리하여 용구와 와구를 점령하였다. 용교와 와구, 이 두 곳은 모두 당나라의 남북을 잇는 대운하의 요충지였다. 따라서 당나라의 북부에 있는 소비 도시들은 곡창지대인 강회의 농산물을 공급받을 수 있는 중요한 통로를 상실하게 된 것이었다.

이러한 혼란 속에서 이정기가 781년 8월에 병으로 사망하고 아들인 이납이 그 자리를 물려받았다. 이정기가 사망하자마자 대운하의 요충지를 장악하고 있던 이유를 필두로 상당수의 사람들이 당나라 조정에 귀순하였으며, 그런 연유로 같은 해 11월에 대운하가 다시 개통되었다.

그러나 당나라 조정에 대항하는 번진들은 여전히 남아 있었는데, 하북 지방 번진들의 대당 대항 감정이 강했다. 특히 당나라 조정이 대항하는 번진을 제압하는 일을 너무 서두른 탓에 발생한 준비 부족과 제압 이후 하북 지방 번진들을 필두로 많은 번진들이 당나라 조정에 항거하면서 독자적으로 왕을 자칭하였다. 그 와중에서 이납도 제왕으로 자칭한 뒤에 대운하 주변을 점령하여 대운하의 통행을 막기에 이른 것이었다.

결국 덕종의 반당 번진에 대한 강압책은 반발과 대항의 강도만 높이는 결과를 초래함으로써 실패하고 말았다. 제압하는 데 성공한 일부 번진의 경우에도 그 번진이 자립하고 번수직을 세습하는 등 별다른 변화를 일으키지 못했다.

평로치청은 이납의 아들인 이사고와 이사도에게 세습되는 과정에서도 약 반세기 동안 아직 12개 주를 관장하는 산둥반도의 강력한 번진으로 남아 있었다.

이와 같은 반당 번진들의 잔존은 일차적으로 당나라 조정의 고식적인 정책 탓이었다. 반당 번진에게 관직과 위계를 주어 조정에 대한 방자한 행동을 용인함으로써 한편으로 회유하고 복종시키려는 정책을 고수하였던 것이다.

사태는 9세기 초인 806년에 당의 황제가 바뀜으로써 크게 변했다. 신임 황제인 헌종은 조정의 지배하에 있던 강회 지방의 여러 절도사들이 가진 재력과 무역을 이용하여 번진을 억압하고 반당의 움직임이 있는 번진들을 토벌하기 시작하였다. 814년에는 오원제가 자신이 부친의 뒤를 이어 회서 절도사를 세습하려 하자 이를 토벌하려고 하였다. 오원제는 인접한 평로치청 절도사에게 지원을 요청하였다.

당시 평로치청 절도사는 이사도였다. 그는 형 이사고가 사망한 뒤 헌종이 즉위한 806년부터 번수직을 계승하고 있었다. 이사도는 인접한 채주가 공격을 당하자 낙양에서 장안으로 통하는 대운하의 중요한 재화 창고인 하음창을 불사르고 다리를 끊어버렸다. 그는 낙양의 궁궐에 불을 질렀으며, 평로치청의 중심지에서 멀리 떨어진 여러 도시를 점령하고서 그곳에 병력을 주둔시켰다.

한편 그는 장안으로 자객을 보내어 재상인 무원형을 암살하고 대신인 배도에게 부상을 입혔다. 이 사건으로 조정에서 번진 토벌 작전을 중지하자는 주장이 제기되었지만, 헌종은 이를 무시하고서 815년 12월부터 이듬해 7월까지 무력 진압 활동을 하였다.

조정은 강회 지방의 여러 번진과 귀순한 번진의 무력을 이용했는데, 이때 가장 선봉에 서서 진압 활동을 한 것이 바로 장보고가 속해 있었던 무령군이었다.

"출정이다. 싸움에서 공을 세운 병사에게는 큰 상을 내릴 것이다. 뒤로 물러서는 자들은 내가 용서치 않을 것이다."

왕지홍의 쩌렁쩌렁한 목소리에 병사들은 사기가 충천해 있었다. 장보고는 기마병으로 긴 창을 휘두르며 적진을 향해 말을 내달렸다. 정년도 마창병으로 누구보다도 앞서 내달았다. 그들의 용맹스러움 앞에 적군들은 추풍낙엽이었다. 한번 휘두른 창끝에 수없이 쓰러져 나가는 적군들의 모습을 멀리서 왕지홍은 흐뭇하게 바라보고 있었다. 정년은 마치 맹수처럼 달려들며 이사도의 목을 노리고 있었다. 그는 자신의 목숨을 걸고라도 내달을 태세였다. 자욱한 먼지 속에서 쓰러진 자들을 짓밟으며 말을 내달렸다.

"내 이사도 네 놈의 목을 벨 것이다. 어디 있느냐, 이놈."

무령군은 이사도의 평로군을 토벌한 최선봉군으로, 특히 왕지흥은 이사도의 군 9천 명을 격파하고 우마 4천 두를 노획한 당대 최고의 무장으로 떠올랐다. 그것의 바탕이 된 것은 바로 장보고와 정년이었다. 그들의 활약은 당연 두드러졌을 뿐만 아니라, 그들이 지난 곳은 그야말로 적군들의 시체가 산을 이루고 있을 지경이었다.

"내 오늘도 이사도의 목을 못 베었소이다."

정년은 피투성이의 얼굴로 잔뜩 투덜거렸다. 그런 그의 모습을 넌지시 바라보고 있던 장보고 또한 마찬가지였다. 온통 피로 물든 자신의 몸을 돌아보는 듯싶었다.

"너무 서두르지 말자. 그놈의 목은 반드시 벨 것이다."

"형님, 누가 베는지 내기를 하는 것이 어떻겠소이까?"

그러나 정작 이사도의 목을 베기에 앞서 왕지흥을 구하는 사건이 먼저였다. 일개 아졸로 출발한 왕지흥은 운주성을 향해 돌격하던 날, 이번이야말로 자신이 이사도의 목을 베어 절도사에 오를 마지막 기회라 여겼다. 그러나 그것이 상대를 얕잡아보는 결과가 되고, 그에게 위험이 닥친 것이었다. 평로치청군 유오 대장과의 한판이었다. 그 또한 계략이 뛰어난 장수였다. 왕지흥은 이 장수의 지략에 빠져 삽시간에 협곡에서 포위가 되고 만 것이었다. 이때 목숨을 걸고 왕지흥을 구한 사람이 장보고와 정년이었다. 그 둘은 왕지홍을 호위하면서 적군들로부터 퇴로를 확보하며 포위망을 뚫었다. 온몸에 핏물을 뒤집어 쓴 채 나온 그들을 본 그 누구도 아무런 말을 할 수가 없었다. 왕지홍은 그들이 아니었으면 십중팔구는 죽은 목숨이었다.

"장군, 괜찮으십니까?"

장보고의 말에 왕지홍은 잠시 눈물을 흘릴 뿐이었다. 이에 왕지홍은 생명의 은인인 그들을 누구보다도 항상 곁에 두고자 다짐했던 것이었다.

장보고와 정년은 무령군의 대승리에 큰 공을 세워 무령군 소장으로 진급하였다. 신라인으로 소장에까지 올라 군사 천여 명을 지휘할 수 있는 권한을 부여받은 그들이었다. 소장의 자리도 최고의 출세였으나, 왕지홍은 반드시 그들을 총관에 앉힐 것이라 그들에게 장담하고 있었다. 총관이라면 군사 5천 명을 지휘하는 지휘관이었다.

"장군, 장보고와 정년은 신라인이 아니옵니까? 동이족에게 어찌 그와 같은 중책을 맡기신단 말씀이옵니까? 그들의 공은 인정되오나, 그것만은 불가한 일이옵니다."

군사로써 오를 수 있는 최고의 지위였다. 그러나 왕지홍의 많은 군장들은 반대하고 나선 것이었다. 왕지홍은 물러섰다.

이러한 장보고와 정년의 용맹스러움은 신라의 장수에게도 알려졌다.

헌덕왕 11년, 당 헌종이 양주 절도사 조공을 보내어 신라에 파병을 청해 왔을 때, 순천군 장군 김웅원은 군사 3만을 거느리고 당나라의 관군을 돕기 위해 건너왔다.

김웅원 장군은 무령군에 관한 소문을 들어 이미 장보고에 관해 알고 있었다.

"어떤 자인데 그렇게 용맹하단 말이냐?"

"그는 신라인이온데, 십여 년 전에 당나라로 건너와 무령군에 입대한 자라 하옵니다."

"신라에도 그런 인재가 있었단 말이더냐? 대단한 일이구나. 그래, 어떤 집안의 인물이라더냐?"

김웅원은 대단하다는 표정을 지으며 부하 장수를 바라보고 있었다.

"하오나, 완도 출신이라는 것밖에는 알 길이 없었나이다. 아무래도 미천한 출신인 듯싶사옵니다."

"그래? 그래도 대단한 일이다. 그리 미천한 해도인 출신으로 당나라에서 소장직에까지 오르다니. 대단하지 않은가? 하하하."

"항간에서도 그에 대한 명성이 자자하더이다."

이미 김웅원은 부하 장수에게 명령하여 장보고에 관한 정보를 알아오라 시킨 것이었다. 부하 장수는 어렵지 않게 장보고와 정년에 관한 정보를 알 수 있었다.

"그래. 어떤 명성이더냐?"

"어렸을 적에 신라에서 이미 해적들과 한판 대결을 벌여 해적들 또한 수십 명을 잡은 적이 있다고 하옵니다. 그때 당나라에서 장사를 하던 신라인이 그로 인해 살아났다는 것이었습니다. 그 후에도 이곳에서 무역선을 보호하는 일을 했었는데, 그때에도 그런 몇 차례의 공이 있었다고 하옵니다."

"그렇구나. 이번에도 장보고가 이사도를 활로 쏘아 말에서 떨어뜨렸다고 하는 소문이 있던데……. 하여튼 대단한 장수임에는 틀림없지 않느냐. 그렇지 않고서야 만리타국에서 누가 신라인을 영웅으로 떠받들겠느냐."

"그러하옵니다, 장군."

"다만 내 나라가 아니라 다른 나라 임금을 위해 목숨을 바치고 있다는 것이 가슴 아플 뿐이다."

무령군은 이사도의 난을 진압한 이후 두 차례의 반란군 토벌전에 참여하였다. 하나는 노룡 절도사와 성덕 절도사가 합세하여 821년에 일으킨 반란인데, 무령군의 정예병 3천 명이 토벌군으로 참전하였다. 다른 하나는 선무 절도사가 822년에 일으킨 반란인데, 토벌군으로 참전한 무령군은 반란군 1천여 명의 목을 베는 전과를 거두었다.

그러나 왕지흥은 평소에 부하를 가혹하게 다스렸으며, 자신보다 출중한 능력을 지닌 사람들을 시기하는 편협한 성격을 갖고 있었다.

"형님, 이제 우리 앞길도 탄탄대로가 아니겠습니까?"

정년 또한 무령군의 소장이었다. 이제 왕지흥에 의해 출세가 눈앞에 펼쳐져 있고, 그가 자신들을 나 몰라라 하지는 않을 거라고 정년은 생각하고 있었다. 한때 왕지흥이 고립되었을 때, 장보고와 정년의 도움으로 목숨을 건졌던 것을 잊지 않았으리라 정년은 생각한 것이었다.

"글쎄다. 석웅 장수에 대해서 어찌 생각하느냐?"

장보고는 신중한 어투로 물었다.

"그 장수야 누가 보아도 용맹하고 특히나 부하들을 사랑하는 것이 남다른 장수이지 않습니까?"

"그래. 그러나 왕 장군은 그를 내버리지 않았느냐?"

"그거야 왕 장군의 명을 어긴 분명한 죄목이 있었던 것 아닙니까?"

"나는 그렇게 보지 않는다. 그것은 허울일 뿐이다. 왕 장군은 자신에게 위협이 될 만한 장수를 내버린 것이다. 아니라면 군에서 축출된 그를 다시 죽이려고 한 이유가 있었겠느냐. 토사구팽이라 하지 않았더냐. 사냥이 끝나면 그 사냥개는 쓸모가 없어지는 격이다."

"우리가 사냥개 신세란 말입니까? 아니, 우리가 이만큼 될 수 있었던 것은 우리의 공에 따라 올라선 것이고, 우리는 누구보다도 용맹스러운 군인이 아닙니까? 그런 장수들을 사냥개에 비한다는 것은 온당치 않아요."

"내 처음에도 말하지 않았더냐. 우리가 갈 길은 여기가 끝이 아니라고. 이제 이사도의 난이 진압이 되고, 그 어떤 황제라도 번진의 세력을 약화시킬 것은 뻔한 이치가 아니겠느냐? 그때 고구려나 신라나 모두 같은 색으로 보고 탄압하지 않을지 걱정하지 않았더냐."

장보고는 이미 자신이 떠날 때가 되었음을 알고 있는 것이었다. 그러나 정년은 아니었다. 그는 장보고의 말에 점점 얼굴이 붉게 상기되며 흥분하고 있었다. 자신의 탄탄한 길에 대해 조금도 의심의 여지가 없는 듯싶었다.

"우리는 무령군의 소장들이외다. 이 나라는 미천한 해도인 출신에게도 소장이라는 직책을 맡길 만큼 개방적인 나라요. 거기에서 당당히 공을 세워 인정도 받았고, 나는 내 자신의 입신양명이 더 귀하오. 더 이 탄탄한 출세의 길을 걸어 볼 것이오. 내 말이 틀렸는지는 나중에 보면 될 일이 아니오."

"네 마음을 모르는 바 아니다. 나 또한 너와 다를 바가 어디 있겠느냐. 허나, 벌써 감군 정책이 떨어졌다고 한다. 그 일차적인 대상이 누구겠는가. 바로 우리 같은 타국인이지 않겠느냐. 여기에서 얼마나 더 있을 수 있을지 우려되는 바이다."

장보고의 말은 사실이었다. 계속된 전쟁으로 당나라 조정은 많은 전비를 사용하여 재정적 압박을 받고 있었다. 토벌전이 진행되는 동안 사용한 전쟁 물자와 증가한 병력의 운영비는 그동안 경제적 기반 역할을 해온 강회 지방으로서도 감당할 수 없는 부담이 된 것이다.

결국 천평군 절도사 마총은 병력을 매년 8%씩 줄여야 한다고 건의

하였다. 황제는 이를 수락하는 칙령을 비밀리에 내렸는데, 이 사건을 필두로 일종의 감군 정책인 소병 정책이 실시된 것이었다.

"아무리 감군을 한다하더라도 우리가 왕 장군에게 어떤 사람들이었습니까? 그것은 잘못된 생각이 분명합니다. 적지에서 생사의 갈림길에 있던 왕 장군을 누가 그 사지에서 목숨을 걸고 구해내겠습니까? 그 공을 모른다면 어디 사람이라 할 수 있겠소. 뭐가 잘못된 생각이오? 왕 장군은 우리에게 분명 앞날을 보장하지 않았소이까?"

정년은 왕 장군의 말을 아직도 굳게 믿고 있었다. 장보고 자신도 그렇게 믿고 있었다. 그러나 세상의 일이란 한치 앞을 내다보기 힘든 일이 아닌가. 아니 세상일은 어느 정도 내다 볼 수 있다 하더라도 어찌 사람 속까지 훤하게 들여다본다는 말인가. 정년의 흥분은 좀처럼 가라앉지 않을 것만 같았다.

"아우, 오늘은 아무 생각 없이 나와 사사로운 정담이나 나누도록 하자꾸나. 너무 숨 가쁘게 온 길이다."

장보고는 아직 제 분을 삭이지 못하고 있는 정년과 술 한 잔을 나누고 싶었다. 정년도 다정스런 장보고의 말에 마지못한 듯 따라나섰다. 허망하다는 생각이 들지 않는 것도 아니었다. 미친 듯이 말에 올라 긴 창을 휘두르며 적군들을 쓰러뜨리기를 헤아릴 수가 없을 정도였다. 죽음의 고비를 넘어서면서, 자신의 삶을 후회한 적은 없었던 장보고였다. 하지만 그 끝이 여기까지였다니. 신라에서의 삶이 그랬듯이, 당나라에서도 자신은 분명한 한계에 직면해 있었다. 문득 장보고의 머릿속에 왜 이정기는 조정을 쳐야만 했을까하는 생각이 들었다. 자신의 가슴 깊이 박혀 있던 분노 때문이었을까. 권력에 대한 욕망 보다는 뭔가 가슴 속 깊이에서 자란 것이 있을 듯만 싶었다. 고국을 등지고 끌려오던 고구려 유민들의 원한이 그 핏줄 속에 뜨겁게 흘렀던 것은 아니었을까.

"내 아직도 기억나는 것이 있단다. 왜 우리가 이곳으로 떠나올 때 말이다. 너는 고국으로 다시는 돌아가지 않겠다고 했지 않았느냐? 그 이유가 그리 궁금했었다. 말해 줄 수 있겠니?"

장보고는 그에게 술을 따라주면서 지난 일을 떠올렸다. 잠시 지난날의 궁복과 정년으로 돌아가고 싶은 마음이 들었다. 정년은 아무 말 없이 술잔을 받아 단숨에 들이켰다.

"물속에 들어갈 때마다 나는 늘 다짐하고는 했었소. 나오고 싶지 않다고. 나와 보면 매번 똑같았으니까. 그래서 조금씩 더 오래 물속에 있었던 거요. 난 형님과 내기를 할 때에도 형님 생각보다는 그 생각뿐이었어요. 그때도 마찬가지였던 것 같아. 다시 돌아와 물속에 들어간다면 내가 너무 오랫동안 물속에 있을 것만 같았으니까."

정년의 눈가에 이슬이 맺혔다. 장보고는 말없이 그의 눈가에서 시선을 떼고는 스스로 술잔을 채워 마셨다.

"내가 물 밖에 나와 너를 찾는 동안 너는 물속에서 그런 생각을 하고 있었단 말이냐? 하하. 지금도 그럴 것 같으냐?"

"동상이몽이라 하지 않았소."

정년의 대답은 무거웠다. 아무 말 없이 장보고와 정년은 술잔을 부딪쳤다. 금방이라도 쏟아져 내릴 것만 같은 별빛들도 제자리에서 반짝이고만 있듯이, 그 둘은 가슴 속에서 금방이라도 할 말들이 쏟아져 나올 것 같았으나 묵묵하게 앉아 술잔만이 오고 갈 뿐이었다. 장보고는 잠시 술잔만 멍하니 바라보고 있었다.

"나와 더 있어 봅시다. 형님 생각이 옳지 않을 때도 있는 것이오. 이번엔 내 생각이 옳을 테니, 한번쯤 내 생각에 따라보는 것도 옳은 일 아니오?"

"……."

"내 왕 장군에게도 확답을 받으리다. 나보다도 형님이라면 누가 감히 감군 대상에 넣는단 말이오."

정년의 눈물 섞인 애원 속에서도 장보고는 침묵하고 있었다. 한동안 다시 술잔을 기울이던 그는 맑은 눈으로 정년을 바라보았다.

"너는 묻지 않는구나. 내 그때 왜 다시 돌아가야 한다고 했는지 말이다. 가서 해야 할 일이 있기 때문이다. 우리가 아니면 또 누가 한단 말이냐. 그때 떠나면서도 반드시 이런 날이 있어야 한다고 생각했었다. 내 언제나 너와 같이 했기에 그 일 또한 너와 함께 하리라 생각했었다. 하지만 네 길을 막지는 않을 것이다. 항상 나만이 옳다고 생각한 적도,

너만이 옳다고 생각한 적도 없었다. 다만, 해야 할 일이라면 우리가 함께 해야 한다고 생각했었을 뿐이다. 네가 없는 바다는 생각해 본 적이 없다."

"미안하오. 그 바다에 나는 없을 것이오. 이미 난 왕 장군을 따르기로 마음을 먹었으니까."

단호한 정년의 말이었다. 다시 한 번 마음 한쪽이 쓰려 왔지만 장보고는 더 이상 정년을 설득하지 않았다. 그리고 자신의 해야 할 일에 대해서도 언급하지 않았다. 그것을 모를 정년이 아니었고, 다시 그 말을 한다 하더라도 그는 말을 듣지 않을 것이었으니까.

장보고는 왕 장군을 찾았다. 이제 자신이 떠나야 할 때임을 알리기 위해서였다. 정년의 의사는 이미 충분하게 들었던 터라, 이제 남은 일은 자신의 갈 길을 묵묵하게 가는 것이었다. 장보고의 곁에는 그를 따르는 부하 장수들도 여럿이었다. 그들은 장보고가 갈 길을 정한다면 바로 따라나설 준비가 되어 있었다.

"이제 장군 밑에서 떠나려 하옵니다."

내심 장보고의 위세가 곱지만은 않은 왕 장군이었다. 그러나 막상 자신을 떠나려 한다니 의아한 듯 놀라는 표정이었다.

"아니, 그게 무슨 말인가? 자네와 더불어 장차 해야 할 큰일들이 줄줄이 남았는데, 떠나다니?"

"본래 저는 바다에서 자라고 바다에서 꿈을 꾼 자입니다. 때가 되어 바다로 돌아가려는 것이니, 허락하여 주십시오."

떠나는 마당에 왕 장군의 마음속에 앙금을 남기고 싶지 않았다. 본래의 바다로 돌아가겠다는 것뿐이었다.

"바다로? 아니, 장사꾼이라도 되겠단 말이더냐?"

"바다란 무한히 넓사옵니다. 그 중의 하나가 장사이지요. 아직 구체적으로 마음을 둔 것은 없사옵니다. 다만 이제는 제가 갈 길이 바다라는 것만은 확실하나이다. 허락하소서."

왕 장군은 장보고의 단호한 의지를 꿰뚫어보고 있었다.

'이 자와 함께라면…….'

순간 장보고를 잡아야 한다는 생각이 마음속에 차오르는 것을 어쩔 수가 없었다. 묘한 매력을 지닌 인물임은 분명했다. 또한 그의 무술과 사람들을 다루는 능력 또한 여타의 장수들에 비길 바가 아님은 이제껏 보아 온 일이기도 하였다. 사지에서 자신을 위해 목숨을 아끼지 않고 뛰어들던 장보고였다.

'장군, 제 뒤에 빨리 오르시오. 저만 믿으시면 되옵니다, 장군.'

그의 맹호와 같은 몸놀림과 목소리가 아직도 귀에 쟁쟁하게 남아 있었다.

'정년, 어서 퇴로를 뚫지 않고 무엇을 하는 게냐. 목숨을 버려서라도 장군을 구해야 한다. 어서!'

왕 장군의 가슴 속이 뭉클하게 젖어왔다. 절망의 나락에 떨어진 왕 장군은 적병으로 둘러싸여 있었을 때 번개같이 나타난 자들이 장보고와 정년이었다. 그들은 말을 탄 채 적병을 추풍낙엽같이 쓸어 가면서 자신에게 달려오는 것이 아닌가. 이미 군중에서도 출중한 무예를 지닌 자들이었지만, 그 당시 눈앞에 펼쳐진 그들의 무예는 과연 장관이었다.

"그때 자네의 이름이 궁복이라 했던가?"

"어렸을 적의 이름이었습니다. 그때라 하심은?"

"자네들에게 큰 빚을 진때를 말하는 것이네. 막상 자네가 내 곁을 떠난다하니, 나도 모르게 그때 사지에서의 자네 모습이 떠오르는구려. 내 장차 그대들을 크게 쓰리라 했는데……. 나에겐 용맹한 자네 같은 장수가 필요하네."

장보고는 여전히 편안한 낯빛으로 말없이 서 있을 뿐이었다. 그때 정년의 모습이 떠올랐다. 그를 군중에 남기고 떠나는 길이지 않은가. 장보고는 생각에 잠긴 왕 장군에게 조용히 말했다.

"장군께서 그렇게 저희들을 아껴 주시니……."

"내게 부탁할 게 있으면 하게나. 내 자네의 부탁이라도 들어줘야 마음이 편치 않겠는가."

"하오면, 제 아우 정년을 맡아 주실 수 있으시겠습니까?"

"여부가 있겠는가. 자, 그런 부탁이 아닌 자네를 위한 부탁은 없는가?"

"저에게는 그 아우가 전부이나이다. 생사고락을 함께 하며 어려서부터 친형제 이상으로 자랐나이다. 그 아우를 남기고 가려니 제 마음이 편치가 않사옵니다. 장군께서 맡아 주신다면 제 아우의 앞길이 탄탄대로가 아니겠사옵니까?"

장보고를 물끄러미 바라보던 왕 장군은 자리에서 일어서 그의 손을 맞잡았다. 본래 왕 장군은 장보고와 정년을 총관에 임명하려 했었지만, 군장들의 반대로 거기에까지는 이르지 못하였다. 그때만 하더라도 이들에게 큰 빚을 지었다는 것이 분명했었지만, 어느 순간에 이들이 자신을 앞지를지도 모른단 생각이 들자 마음이 편치 않았기 때문이었다.

"내 언제고 다시 자네를 볼 날을 기다리겠네. 우린 아직도 해야 할 일이 많이 남아 있다는 것도 잊지 말게나. 그리고 자네의 아우가 나와 함께하고 있으니, 우리는 반드시 다시 만나야 하지 않겠는가."

장보고는 무령군에서 떠나던 날, 정년에게 말했다.

"아우, 언제든 다시 만나기로 하자꾸나. 우리는 피를 나눈 형제는 아니더라도 이미 죽음의 문턱을 함께 넘나들던 사이지 않느냐. 내 항상 기다리고 있을 터이다."

"내 어찌 형님을 잊겠소. 그리고 어찌 형님의 뜻을 꺾을 수 있겠소. 부디 평안하셔야 하오이다."

"잊지 말게나. 꼭 다시 만날 날이 있을 것이니……."

3. 조국을 향한 무한한 열정

무령군에서 제대한 장보고는 따르는 부하 장수 장건영, 이순행, 장변 등과 함께 군문을 나섰다. 그들에게도 이미 자신이 가야할 길이 있음을 알렸던 터라, 그의 인품과 용맹스러움에 이미 생사를 같이 하기로 맹세한 사람들이었다.

"우리는 바다로 나설 것이다."

장보고는 부하들에게 선언하듯 단호하게 소리쳤다.

신라인 노예. 이것은 장보고의 가슴을 끝없이 난도질하는 가장 가슴 아픈 일이었다.

'이 일을 멈추게 하기 위해서 어떻게 해야 할 것인가. 저 바다 위의 해적들을 한꺼번에 수장시키기 위해서 내가 할 일은 무엇이란 말인가. 끊임없이 가슴을 조여 오는 이 멍울을 어찌해야 한단 말인가. 강력한 군사력이 필요하다. 또한 다시는 내 조국 신라의 해안에서 노략질이 사라질 수 있도록, 다시는 내 조국의 백성들이 바다 위에서 팔려가는 일이 없도록 해야만 한다.'

장보고의 마음을 짓누르던 문제의 해답은 바로 무역의 길이었다.

'신라도 이곳의 신라인들처럼 저 넓은 세계로 발을 뻗는 것이리라. 그것이 무역의 힘이다. 그 힘으로 내 조국을 살찌게 한다면…….'

장보고는 자리를 박차고 일어났다.

"바다의 길을 열어야 하오. 그 길을 열어 우리가 왔듯이, 바다는 더 넓은 세계를 향해 길을 내뻗고 있소이다. 오는 자가 있으면 가는 자가 있는 법. 오고 가는 자들의 뱃길을 활짝 열어놓는다면, 하나를 알던 자들도 둘을 알 것이고, 둘을 알던 자들은 그 이상을 알 일이 아니겠소이까?"

장보고의 눈은 예리하게 빛나고 있었다. 그의 말에 수장들 또한 고개를 끄덕이며 어금니에 힘을 주고 있었다.

"하오나 대사, 열이 가서 하나가 온다면, 그것은 지극히 공평하지 않은 처사가 아니오니까? 지금 형세가 마치 그 꼴이 아니라 할 수는 없을 것인데, 그리 된다면 형평에 어긋나지 않겠는지요."

그는 거기에서 말을 멈췄다. 예측하지 못한 생각은 아니었다. 형세로 틀린 말이 아니었기 때문이었다. 좌중은 잠시 술렁이기 시작했다.

"하오나 지금의 형세를 바로잡기 위해서 필요한 조치는 그것밖에는 없소이다. 해적 몇 놈 잡아들인다고 이 뱃길의 안전을 보장할 수도 없을 뿐더러, 이곳의 신라인들도 무역에 힘쓴 탓으로 그나마 힘을 발휘하는 것 아니겠소이까. 장차 힘을 기르기 위해서는 무엇보다도 경제가 우선인 것은 그 누구도 다 아는 사실이오. 우리가 아니라면 그 일을 해나갈 사람들은 없소이다. 다만 좀 더 묘안을 생각해야 할 것은 그것을 독자적으로 할 수만은 없다는 것이오."

그의 단호함에 좌정은 일순 요동도 하지 않았다.

"신라에서는 연일 배를 타고 이곳저곳으로 떠돌아다니는 유민들에다, 초적들마저 들끓고 있는 상황이오. 또한 조정에서 옥좌를 놓고 연일 피를 흘리고 있다는 소식까지 망라한다면 백성들의 삶이란 말하여 무엇하겠소이까. 다른 나라의 물건이 들어간다 하더라도 그것을 매입하는 자들이란 뻔히 보이고, 어차피 그들의 재물이 백성들에게 돌아가는 것은 아니질 않소이까. 더군다나 신라의 물품이 이 세상에서 귀하기로 소문난 것들이 많은 것 또한 사실이외다. 그 물품을 더욱 늘려 그것을 이 넓은 바깥 세상에 내다 팔 수 있다면 자연스레 그 이익은 누구에게 돌아가겠는가를 생각해 봐야 하지 않겠소이까. 또 이 세상 어디에서나 거래할 수 있는 능력을 지닌 자들의 뿌리는 어디이나이까. 이정기 또한 이곳에서 그 힘을 바탕으로 거대한 세력을 얻었고, 그 힘은 저 발해에까지 미치고 있다는 것을 다들 알고 있는 사실 아닙니까? 그 길이 외다. 우리가 저 바다를 깨끗하게 함은 바로 그 다음의 저력을 펼치기 위함이외다."

장보고는 힘주어 탁자를 내리쳤다.

자신조차 흥분이 가라앉지 않은 듯, 잠시 좌중을 둘러보았다. 모두 다 장보고의 상기된 얼굴을 바라보고 있을 뿐이었다. 저 당당함은 어디에서 온 것인가. 그들은 그렇게 그의 모습을 바라보았다. 당당한 그의 체구와 날카롭게 빛나는 그의 눈빛은 마치 한순간 신이 들린 모습이었다.

"먼저 우리 신라 사람들의 단합이 우선이오. 그 방법과 앞으로의 무역 길을 바로잡아 나가는 것이 우리들이 해결해야 할 몫이오. 다들 명심하시오. 우리가 해야 할 일은 저 바다를 평온하게 하는 것이오."

장보고는 그동안 찾지 못했던 진운 어른부터 찾기로 했다.

이미 장보고에 대해서는 산둥반도 일대에 파다하게 소문이 나있던 것이었다. 그를 모르는 사람들이 없을 정도로 그는 유명한 인물이 되어 있었다.

"아니, 이게 누구신가. 장 장군이 아니시오."

"어르신, 이제 군문을 벗어난 처지입니다. 장군이라니요."

반갑게 그를 맞이한 진운이었다. 그동안 그는 많이 늙어 있었다. 백발이 성성한 노인이었다.

"아무리 군문을 벗어났다 하더라도 이곳 어디에서도 장 장군을 장군이 아니라 할 사람은 단 한 사람도 없을 것이오. 늘 뿌듯한 마음이었소이다."

"다 어르신 덕 아니었습니까? 어르신이 아니었다면 어찌 오늘의 제가 있겠습니까?"

"그나저나 정 장군은 그대로 군문에 남았다고요?"

모처럼 술자리를 한 둘은 그 자리에 빠진 정년을 떠올렸다. 장보고는 그저 희미하게 웃을 뿐이었다.

"어디에서나 빛을 발하는 사람들이니 너무 걱정하지 않아도 될 것이외다. 그래, 이제 앞으로는 어찌 할 생각이시오?"

"본디 바다와 인연이 깊은 사람이니 평온한 바다로 돌아가야 하지 않겠습니까?"

"바다가 편할 날이 있겠소이까."

장보고는 고개를 끄덕거렸다. 바다는 잠시도 편할 날이 없었다. 대륙에서 피바람이 몰아치는 동안 바다도 해적들에 의해 여전히 핏물이 들고 있는 처지라 했다. 신라 노예들 또한 여전히 매매되고 있던 것이어서, 그 폐해가 적지 않았던 것이었다.

"장군께서 무령군에 입대하기 전에 하셨던 말을 혹 기억하시오?"

자리가 한층 무르익었을 때였다.

“어떤 것을 말씀하시는지요?”

“총관께서도 전해 들었다 하셨던 말인데, 신라인들의 정신적인 힘의 결집이 필요하다는 말씀 말이외다. 그리만 될 수 있다면 이 무역이야 말로 진정한 탄탄대로일 거란 말씀도 있었소이다.”

“제가 선주께 드렸던 말씀이외다. 제가 앞으로 해야 할 일 중 하나가 바로 그 일입니다. 제 미력이나마 보탬이 되어야 하지 않겠나이까?”

진운은 순간 얼굴이 환하게 밝아졌다.

“그 일이라면 장군이 제격 아니겠소이까? 총관께도 찾아뵈어야겠지요. 우리 신라인 중에 장군의 덕망과 용맹스러움을 모르는 자가 없는 터이니, 장군이야말로 우리 같은 뱃사람에게 반드시 기둥이 되어야 하지 않겠소이까?”

이제 자신이 나서서 해야 할 일이었다. 이정기가 그 대륙을 넘볼 정도의 세력을 다질 수 있었던 것도 그 무역으로부터 얻은 저력이었다. 그 저력의 바탕이 바로 신라인들의 무역이었다는 것이 장보고의 판단이었다. 그 저력을 한데 모으고, 해적들을 소탕해야 할 것이다. 그리고 당나라와 신라, 그리고 일본을 바탕으로 파사국, 점파국(동남아시아), 대식국까지 그 해상의 제국을 이루는 것이 바로 장보고가 마음에 두고 있는 일이었다. 그렇게만 된다면 신라는 물론이요, 재당 신라인들도 무역을 바탕으로 부유해지며, 강성해질 수 있는 일이 아니겠는가.

“몇 해 전에도 신라에서 백칠십 명이나 되는 백성들이 당나라로 흘러들었다고 들었소. 이제 그렇게 떠도는 백성들도 없어야 하지 않겠소. 들어 보시었소?"

"예에, 알고 있습니다. 나라가 어지럽기는 지금도 마찬가지인 모양입니다."

"그렇다 합디다. 오죽하면 어린 것들까지 업고 그 험한 바다를 건널 생각을 다 했겠소."

장보고의 마음에 상처가 더 깊어지는 것 같았다. 그들의 행방에 대해서조차 물을 수가 없었다. 까닥하다가는 해적들에 의해 죽임을 당하거나, 또 노예로 내팔리는 신세를 면치 못할 것이었다. 신라 노예에 대한 금지령도 있으나마나였다. 그런 법령이 있다 하더라도 암암리에 노예 매매는 자행되고 있었다. 그나마 신라 사회에서 그들을 발견할 때마다 도움을 주고, 때로는 숨을 장소를 제공하고 있다는 것이 위안이 되기는 하였으나, 이제 그가 나서서 그런 일들을 해야 할 것이었다.

"어르신 같은 분들의 도움이 있어야 가능한 일이옵니다."

장보고는 무겁게 입을 열었다.

"무엇이든 도울 것이외다. 나뿐 아니라, 여기 신라인들이라면 모두 발 벗고 나서서 도울 것이오. 장차 그대가 우리들을 위해 큰일을 하리라 싶었소이다."

"고국으로 돌아가야 할 신라인들을 물색하여 잘 보호해 주셔야 합니다. 이 땅에 그들을 보호해 줄 사람들은 우리 신라인들뿐이잖습니까?

저 또한 백방으로 손을 쓸 것입니다."

장보고와 진운은 늦도록 술을 마셨다. 취할수록 마음 한구석은 슬픔으로 젖어 들었다.

"제 아버님은 어려서 이 바다를 품어 보지 않겠느냐고 하셨습니다."

"바다를 아끼지 않고서는 절대 바다를 품을 수 없소이다. 내 자식을 아끼고, 내 부모를 따르듯이 말이요. 그러나 장군은 그렇게 하실 것이요. 암, 그렇고 말고."

"저에게도 조그마한 힘이 생겼습니다. 저를 따르는 장수들이 함께 하고 있으니, 그들과 힘을 합해 나갈 것입니다."

"아마 이곳 신라 사람이라면 다 장군을 따를 것이오. 적은 수라니요?"

장보고는 진운으로부터 큰 힘을 얻은 듯싶었다. 그 힘들을 빌어 바다로 나가는 것이다.

무령군을 제대한 지 채 한 달이 되지 않은 때였다.

신라소 총관이 급히 장보고에게 연락을 취한 것이었다. 진운을 만난 이후 한번 만난 적이 있었던 총관이었다. 그때도 그는 장보고에게 남다른 인상을 받은 듯싶었다. 신라인들의 정신적인 단합이 무엇보다도 필요하다는 점을 들어, 장보고는 신라인들이 참석할 수 있는 절을 창건할 것을 건의하였다. 종교의 믿음으로 그들의 바다에서의 안전한 항해를 빌며 그 결집된 힘을 더 단단하게 하자는 제안이었다. 그것은 당장 실행해야 할 만큼 시급한 문제였다.

물론 신라인들이 세운 절이 없지는 않았다. 명주에서 조금 내려간 절강성 동남쪽 바닷가에 위치한 오공원이란 사원이 있었는데, 이 절은 신라승 오공이 세운 신라원이었으며, 안강이라는 곳에 신라사라는 절이 있었다. 그러나 무역선의 길목인 곳에서 해양 안전을 기원하는 힘을 하나로 모으기에는 적절하지 못하였다.

"장군, 서주군에서 공로를 세운 장군께 문등현 지역의 관할 신라소의 대사로 발탁하였나이다. 이것이야말로 신라인들이 모두 바라던 일이 아니었나이까."

"신라소의 대사라니요?"

뜻밖의 일이었다. 의아해하는 장보고에게 총관은 연방 환한 얼굴이었다.

"적산포 일대라면 무역의 길목이외다. 그 바닷길을 책임지는 일이니, 대사가 아니면 누가 그 일을 감당하겠습니까. 이제야 이 바다가 임자를 만난 것입니다. 또한 대사가 전에 말씀하셨던 절을 세우는 일까지 다 해결이 되는 일이옵니다."

"그렇습니까? 그것은 당연히 해야 할 일입니다. 그렇게만 된다면 신라인들의 그 저력을 한껏 발휘할 수가 있을 테니까요. 그런데 어떻게 그런 자리를 저에게 맡긴단 말입니까?"

"이사도의 난을 진압한 공로는 천하가 다 아는 일이 아니옵니까? 또한 이곳 신라인들은 대사께 기대지 않고서는 안 된다는 점 또한 중요한 문제가 아니옵니까? 모든 신라인들이 원하는 일이기도 하지만, 서주에서도 재정 확보를 위해 이 무역을 귀중하게 여기고 있나이다. 그 귀중한 일을 할 적임자로 모두가 대사를 천거한 일이라 알고 있나이다."

"……."

장보고는 언뜻 왕 장군을 떠올렸다. 그의 천거가 아니었을까. 정년이 이 일을 알고 있을 것이고, 또한 바다로 돌아간다는 것은 왕 장군도 아는 일이었다. 또 한편으로 서주에서 이제 신라인들의 무역을 통제하려는 것은 아닌가 하는 의구심이 없지는 않았다. 그러나 어디 바다가 그들만의 몫이더냐 싶었다. 엄연히 자치권이 부여된 신라 사회 아니었는가. 적당한 타협이란 때론 필요한 일이었다. 그리고 이것은 나라와 나라의 무역까지 겸하는 일이었다.

무엇보다도 절을 짓는 것이 급한 일이었다. 신라인들의 정신적인 지주 역할을 할 수 있는 절을 짓고, 신라에서 온 신라 승들을 중심으로 하여 신라 상인들을 결속시킨다면 일은 급물살을 타게 될 것이었다.

장보고는 이제 신라소의 대사가 되었다.

신라 사회는 그를 중심으로 빠르게 결속해 나갔고, 문등현 청령향 적산촌에 창건한 법화원은 산둥반도 일대 신라인들의 중심지로 자리 잡기 시작했다. 그뿐 아니라 당 내륙과 연해안의 교통, 그리고 신라, 당, 일본 3국을 잇는 무역의 중심지가 되었다. 신라인들의 정신적인 구심점 역할을 할 법화원의 창건은 장보고가 이미 꿈꾸고 있던 일이었다.

"이제 이곳을 중심으로 시작하는 것이오. 이곳은 앞으로 한 해에 500석의 곡식을 수확할 수 있는 장전까지 소유한 우리 신라인들의 마음의 고향이외다. 무엇보다도 우리 무역에서도 안전한 항해를 만드는 것이 장차 해야 할 일이고, 또한 각지에 흩어져 고생하고 있는 우리 동포들을 이곳에 모아 고국으로 보내는 것도 우리들이 해야 할 일들이오."

장보고는 법화원의 창건에서 큰 목소리로 말했다. 그의 당당한 목소리에 그 자리에 모인 신라 상인들의 가슴은 비로소 활짝 열리는 듯싶었다.

"해적들로부터 스스로를 방어할 수 있는 방안을 강구하지 않으면 안 됩니다. 또한 서로가 연락을 신속하게 취함으로써 그 조직력을 더욱 더 강하게 해 나가야지요."

장보고는 이미 오래전부터 마음속으로 준비했던 일이었다. 이제 그가 주도하는 무역에 신라상인들이 모여 들었을 뿐만 아니라, 그들의 결속력 또한 곧바로 무역으로 활발하게 이어지기 시작했다. 여름과 겨울에 각각 2개월 동안 〈금광명경〉과 〈법화경〉을 강설하는 강경법회가 열릴 때에는 이백여 명의 신라인들이 절을 찾을 정도로 규모도 신라인들의 단결력도 또한 강하게 형성된 곳이었다.

"법화경에 이르기를, 큰 바다에 들어갔다가 폭풍을 만나 배가 뒤집힐 지경에 이르렀을 때, 그 배를 타고 있던 사람 가운데 한 사람이라도

관세음보살의 이름을 부르면 동승한 사람들이 그러한 위험으로부터 모두 벗어날 수 있다고 하였소이다. 우리들 또한 서로를 의지하고 서로를 보호하면서 이끌어간다면, 안전한 항해뿐 아니라 부까지 장차 누리게 될 것이외다."

장보고는 먼저 해상에서 약탈과 인신매매를 일삼고 있는 해적을 소탕하여 해상 질서를 바로잡고 싶었다. 그러려면 먼저 무역선들에 대한 보호부터 해야 했다. 그리고 각 중국 내륙을 뱃길로 오가며 노비로 팔려 간 신라인들을 구해 고국으로 보내야 했다. 그러나 이것은 아직 쉽게 풀릴 문제가 아니었다. 무엇보다도 신라 해역에서 출몰하는 해적들을 소탕하기에는 역부족이었던 것이다. 무역선은 장보고의 주도로 나날이 발전해 갔으나, 해적들에 대한 문제는 아직 장보고의 가슴에 아픔으로 남아 있었다.

그리고 장보고의 활동의 또 하나는, 해상권의 장악을 바탕으로 신라는 물론 당나라와 일본의 해역까지 진출하여 해상무역을 독점하다시피하고 그 과정에서 재당 신라인들을 사회적, 경제적으로 보호하는 것이었다.

"지금의 무역은 너무 좁습니다. 고작 조공 무역에만 의존하고 있지 않습니까?"

"하긴 그러하옵니다. 그럼 대사께 좋은 방안이라도 있으신지요?"

장보고는 쉽게 말문을 열지 않았다. 지금 상황으로 공무역이 주를 이루어 나간다면 그다지 큰 희망은 없었다. 조공 무역은 나라와 나라의 외교 관계에 따라 행해지는 무역이 아닌가. 장보고는 깊이 생각에 잠겼다가 천천히 말문을 열었다.

"이제 신라인들의 저력이 마련되었소이다. 공무역 뿐 아니라 개인적인 무역에도 온 힘을 쏟을 때입니다. 내 본 바에 의하면 양주의 왕청 대인도 일본과의 거래에서 큰 이익을 남기고 있다고 알고 있소이다. 우리도 신라소를 중심으로 하여 그와 손을 잡아야 할 것 같소."

"아니, 왕 대인과 손을요?"

"그 또한 신라 상인이요. 그는 저 대식국, 점파국, 파사국에까지 그 진귀한 물품을 사들여 파는 대 상인이올시다. 그와 거래를 한다면, 그 진귀한 물품들이 신라로도, 일본으로도 갈 수가 있지 않겠소. 어디 그뿐이오. 일본, 신라의 물품 또한 저들에게는 진귀하기가 이를 데 없을 것이외다."

"하지만 왕 대인께서 그리 하시겠습니까?"

"그리 되도록 해야지 않겠습니까? 이제 우리 신라인들의 큰 힘을 이 바다에 원없이 펼쳐 보여야 하지 않소이까? 그리 될 것입니다."

장보고의 생각은 곧바로 신라소를 중심으로 실행되어 나갔다. 이제까지의 흩어졌던 신라 상인들이 장보고의 밑으로 들어오기 시작했다. 그것은 당연한 일이었다. 장보고는 해상에서의 안전한 항해를 가장 기본으로 하고 있었기 때문이었다. 이제껏 해상에서의 두려움이 먼저였다면 이제부터는 장사에만 전념할 수 있게 된 것이었다.

선단의 규모가 점점 확대되어 가자, 각 무역의 내용에 따라 전담하여 관리하는 단두가 책임자로 있었다. 당연히 신라 상인들로써는 무역을 전담으로 도맡아 해주는 장보고 대사의 휘하로 들어오지 않을 이유가 없었던 것이었다.

또한 그들에게는 법화원이 있었다. 사람들은 타국에서의 향수를 달래고, 항해의 안전을 기원하고자 법회원을 찾았다. 그들 중 대부분은 신라인들이었다. 이 절이야말로 신라인들에게는 정신적인 지주였다. 신라 사회에서 법화원과 장보고에 대한 이야기는 급속하게 퍼져 나가 이제는 모르는 사람이 없을 정도였다.

"대사, 준비가 끝났습니다."

"오냐. 가자."

장보고의 일행은 양주로 향했다. 왕청을 만나기 위해서였다. 또한 그곳에서 행하여지는 무역도 큰 관심의 하나였다. 흰옷을 펼치고 바람에 미끄러지듯 항해를 시작했다. 바다에 나올 때마다 장보고는 고향의 냄새를 맡는 기분이었다. 이럴 땐 더더욱 정년 생각이 간절해지곤 했다.

'언젠가는 반드시 나를 찾을 것이다.'

장보고는 스스로를 위로하며 먼 바다를 바라보았다.

왕청. 장보고의 가슴에 그 이름이 깊이 각인되어 있었다. 몇 해 전,

그러니까 장보고가 무령군에서 제대하던 해였다.

"그는 일본과 무역을 하기 위해 떠났다가 3개월 동안이나 표류했다 합니다."

"그럼 누가 그들을 보호했다 하더냐?"

"일본에도 신라인들이 모여 사는 신라군 또는 도전군이라는 곳이 있다하옵니다. 그들도 일본에서 무역업에 종사하는 이들이 대부분인데, 그들에게 의지했었다지요."

"당나라에서도, 일본에서도 신라인들이 대단한 활약을 하고 있구나."

장보고의 가슴은 바다를 향해 크게 열리는 기분이었다. 해안을 따라 형성된 신라인들의 거주지들을 지나 며칠 만에 양주에 도착했을 때는 이미 저녁이었다. 왕청에게도 이미 장보고 대사가 만나기를 청한다는 기별을 넣어둔 상태였다. 이미 기별은 며칠 전에 도착해 왕청에게 전달되었다.

"장 대사라면, 그 무령군에서 큰 공을 세웠다던 그 장군이 아니더냐?"

왕청은 장 대사의 방문에 의아해했다.

"그러하옵니다. 장 대사는 이미 신라소의 대사로 임명되었고, 신라인들 사이에서는 이제 은인이 된 분이시옵니다."

"은인이라니?"

왕청은 전갈을 가지고 온 상인을 좀 더 가까이 불렀다.

"해적들로부터 입는 피해가 극심하다는 것은 대인께서도 잘 아시는 일인 줄 아옵니다. 장 대사께서 법화원을 지으신 후에 신라인들을 위해 안전한 항해를 기원하는 법회를 해마다 열 뿐만 아니라 바다의 해적들로부터 이제는 상인들을 안전하게 보호하고 계시니, 그 은혜로움을 들어 은인으로 모시고 있나이다."

상인은 이러한 말을 하면서도 얼굴이 환하게 밝아졌다.

'신라 상인들의 안전을 도모하는 인물이라…….'

그 누구도 그러한 일을 한 적은 없었다. 그저 해적에게 당하지 않도록 기원하는 일이 전부였지 않았던가. 또한 재력이 넉넉지 않은 신라 상인들에게 든든한 기둥 역할을 하고 있는 장보고라니, 그가 자신을 만나러 온다는 것이었다.

장보고가 양주에 도착했을 때, 왕청은 직접 항구에 나와 그를 맞이했다. 장보고는 신라소의 대사직을 맡고 있었고, 왕청 또한 무역에서는 모름지기 양주에서는 일인자였던 것이었다.

"익히 대사의 존함은 들어 알고 있나이다. 왕청이라 하옵니다."

"왕 대인, 이렇게 찾아뵙게 되었소이다."

장보고는 왕청이 준비한 자리에 함께 앉았다. 만반의 준비를 마친 왕청이었다. 장보고와 왕청은 술잔을 주고받았다.

"헌데 어인 일로 먼 길을 오셨는지요?"

왕청이 궁금한 듯 먼저 말문을 열었다.

"대인께 청이 있어 이렇게 찾아왔소이다."

장보고는 맑은 목소리로 말했다. 이미 친숙하게 왕청이 느껴졌던 탓도 있으려니와 신라인이라는 점이 그들 사이를 한결 가깝게 만들고 있었다.

"청이라니요?"

"대인께서는 이미 해상무역에서는 따라 갈 사람이 없는 분이라 들었소이다. 내 본디 신라인으로 당나라에 와서 비참하게 살아가는 사람들을 이미 많이 보았소이다. 해적들에게 당하는 신라인들이며, 바다를 통해 살아가는 사람들 또한 그 폐해가 이만저만이 아니었소."

"그 일이라면 저 또한 절실하게 느끼고 있는 것입니다만, 어떤 방법이 없었습니다. 대사, 헌데 요즈음에는 대사께서 그 항해의 안전에 만전을 기하신다 들었나이다."

"내가 할 일이라 생각한 탓이지요. 허나 뿔뿔이 흩어져 있는 신라인들의 앞날이 영 밝아 보이지가 않습니다. 하여 대인께 청을 하는 것이오."

왕청은 더욱 궁금해졌다.

"그것은 신라인들을 조직화할 생각이외다. 하나의 거대한 선단으로 만들어 해적으로부터 보호할 뿐 아니라, 조직적으로 상업에 종사할 수 있도록 할 생각인데, 당나라, 신라, 일본 뿐 아니라 우리 신라의 물품이나, 일본의 물품들도 저 대식국에까지 보낼 수 있도록 왕 대인께서 중재를 해달라는 것이외다."

"중재라……."

왕청은 골똘히 생각에 잠겼다. 지금 자신이 하고 있는 일이 그것이었다. 장보고의 말은 그 일에 신라 상인들의 선단을 끼워달라는 것이었다. 또 한편으로 자신을 통해 신라 상인들의 거래를 하겠다는 뜻이기도 했다.

"그곳의 물품을 저희 상단에 넘겨주시면 우리는 그것을 저 신라나 일본으로 내다 파는 것이지요. 또한 신라와 일본의 물품들을 왕 대사께 넘겨드리면 그곳으로 넘겨주자는 말이외다. 그리하면 더욱 활발하게 무역이 이루어질 것이고, 신라 상인들에게도 그만큼 더 이롭지 않겠나이까?"

"그러하시다면 저희에게도 이롭다는 뜻이옵니까?"

자신들의 이익과도 직결된 문제인 터라 묻지 않을 수 없는 것이었다.

"그만큼 다량으로 물품을 거래할 수 있으니 당연히 이롭지 않겠소이까? 저희들의 교관선을 안전하게 이용한다면 그 또한 일석이조가 아니겠소이까?"

"하기는 그러하옵니다. 그러나 이러한 상업에는 질서가 무엇보다도 중요한 것이라 생각되옵니다, 대사."

"그렇지요. 질서가 바로 잡혀야 합니다. 해서 이렇게 왕 대인께 청을 하는 것 아니옵니까? 이 모든 것이 장차 고국 신라를 위한 일이 될 것입니다. 또 우리의 동포들이 잘사는 길이요, 더 이상 이 땅에 노예로 팔리는 일이 없도록 하는 길일 것입니다."

장보고는 목소리에 힘을 주었다. 동포를 지키는 일이었다. 또한 무역의 큰 틀을 만들어 나가는 일이었다. 왕청이 함께 손을 잡아만 준다면 신라인들의 힘은 더욱 커질 것이었다.

왕청은 오랫동안 생각을 한 후 장보고에게 술을 권했다.

"대사가 신라 상인들을 생각하는 마음이 그렇게 깊으신 줄은 몰랐소이다. 부끄럽습니다, 대사. 장사로 잔뼈가 굵어 오도록 대사의 생각에 반에 반도 미치지 못한 제 주제가 한없이 부끄럽사옵니다. 당연히 그리 할 것이옵니다. 장차 대사께 오히려 큰 도움을 받으리라 싶습니다. 제 술 한잔 받으시지요."

장보고와 왕청은 흐뭇하게 웃으며 서로 술잔을 주고받았다. 그러고 나서 왕청은 자신이 아끼는 물품들을 꺼내 보여 주기 시작했다. 장보고로서도 눈이 휘둥그레질 것들이었다.

"이것은 아홀이라 하는데, 저 대식국에서 산출된 것을 상등품으로 하는 것으로, 상아로 만든 것이옵니다. 또 이것은 비취모라 합니다. 이는 비취조의 털인데 잡기가 어려워 매우 귀한 것이오며 값 또한 비싼 것이라 귀족 여자들이 선호하는 물품입니다."

"참으로 진귀하오."

장보고는 연방 고개를 끄덕거렸다.

"그 외에도 대모, 오서, 구수, 탑등, 자단, 침향, 대당담 등 없는 것이 없나이다."

"왕 대인, 대인의 힘이야말로 진정 신라인들에게는 절실하외다. 또 신라에서 팔려 온 양민들도 우리가 함께 힘을 모아 고국으로 보내야하지 않겠소. 아무쪼록 대인께 불쑥 이러한 청들을 하게 되어 송구스럽소이다."

장보고는 왕청의 손을 힘주어 잡았다. 그의 힘을 얻음으로써 이제 신라인들의 선단은 저 먼 이국에까지 뻗어나갈 수 있는 것이었다. 또한 넓은 지역에 팔려 다니는 더 많은 신라의 양민들을 고국으로 돌려보낼 방안을 마련한 것이었다. 장보고의 이러한 모습에 왕청도 깊은 감명을 받았다.

이후 장보고는 이신혜와 더불어 왕청을 다시 찾았다.

이신혜는 824년 일본을 찾았을 때, 그의 눈에 띈 인물이었다. 당시 일본에 8년 동안이나 머물며 신라 역어를 하고 있던 환속 승이었다. 그는 신라 상인들이 일본에서 무역을 할 수 있도록 통역을 해주는 반면, 또 당나라에서 일본인들의 통역을 담당하고 있었던 것이었다. 이미 왕청과는 안면이 있었다.

"이번에는 대인께 진귀한 물품들을 구하고자 합니다. 대인께서는 진귀한 물품에 대한 심미안이 있다 들었나이다."

"진귀한 물품을요? 저는 본래 진귀한 물품이라면 제가 갖고자 하는 것이지, 팔기 위해 구하는 것은 아니옵니다. 대사, 헌데 무엇에 쓰시려 하는 것이옵니까?"

왕청은 당시 구하기조차 힘든 값비싼 물품들을 사들였던 것이었다. 장보고는 그 중 백거이의 시문과 당대 최고의 화가인 주방의 그림을 구하고자 했다. 그 말에 왕청은 무척 의아한 표정이었다.

"아니 대사, 그 진귀한 것들을 대체 무엇을 하려고 하십니까? 저 또한 그러한 물품을 팔기 위해서 사들인 것은 아니온지라……."

"앞날을 도모하기 위함입니다. 여러 해 당나라와 신라, 일본을 오갔으나 여전히 해적들에 대한 피해가 끊이질 않고 있소이다. 이는 당나라와 신라, 일본을 잇는 체계적인 해로가 마련되지 못한 탓이지요. 이번에 그 해로를 마련하려 하오."

"해로를 마련하시다니, 저로서는 언뜻 이해가 되지 않사옵니다."

"신라에 진을 설치하고자 하오. 당나라와 일본을 오가기 위해서 반드시 거쳐야 하는 것이 신라의 해로이나, 그곳은 섬들이 많은 곳이라 해적들에게 또한 좋은 거점이 아니겠소이까? 그곳을 통제하지 않고서는 그 어떤 해로도 안전할 수가 없소. 또 신라는 더욱 어려워지고 있는 형편이오. 본국의 신라인들도 우리 재당 신라 상인들처럼 뛰어난 재능을 지닌 사람들입니다. 그들에게 무역이라는 길이 있음을 알리는 것이 하나의 방안이 아닐까하오."

"헌데 대체 이것들은 무엇에 쓰신단 말이옵니까?"

"내 대왕 마마를 알현할 생각이외다. 해서 진을 설치하고자 주청을 드리려 하오."

"하오시면, 진상품으로 쓰실 생각이라 이 말씀이옵니까?"

"물품이란 본시 그 쓰임새가 있는 것 아니겠소. 진귀한 물품이라면 반드시 그 쓰임도 귀하리란 생각이외다, 대인."

왕청은 두말없이 물품들을 장보고에게 넘겼다.

"대사께서는 마르지 않는 샘물이십니다. 그 끝없는 열정을 저는 그림자도 쫓지 못하겠나이다. 부디 이루시옵소서. 아니, 반드시 이루시리라 믿고 있나이다."

4. 청해진의 대사가 되다

청주(菁州) 태수가 집무하는 관청 남쪽 못에 이상한 새가 있었다. 그런데 몸길이가 다섯 자이고 검은 색이었으며, 머리는 다섯 살쯤 되는 아이의 머리만 하고, 부리 길이가 한 자 다섯 치나 되었다. 또 눈은 사람 눈 같았고, 모이주머니는 다섯 되들이 그릇만 하였는데, 사흘 만에 죽었다.

지난달에는 다섯 자 가량의 눈이 내렸다. 그리고 나무들조차 말라 버렸다. 그러나 올해만 그런 것이 아니었다. 벌써 내리 7년이나 계속된 기근이었다. 굶어 죽는 백성들이 도처에 널려 있었을 뿐만 아니라, 자손까지 팔아 겨우 목숨을 이어가는 자들 또한 그 수를 헤아릴 수 없는 상황이었다. 먹을 것을 찾아 도처를 떠도는 백성들은 자연스레 도적이나 초적이 되기 일쑤였다. 전국 각지에서 일어나는 일이었던 만큼 김헌창 부자도 이러한 사실을 익히 들어 알고 있었다.

"더 이상 백성들이 살아갈 수 없을 지경이옵니다. 지금이 거사를 할 호기이며, 이로써 원수를 갚아야 할 때가 아니옵니까?"

"음……."

아들 범문의 혈기에 찬 목소리에 헌창은 아무 말도 하지 않았다. 헌창의 속은 오래전부터 부글부글 끓고 있었다. 지금이 호기라는 범문의 말은 맞는 말이었다. 그러나 폭풍 전야의 그 고요함 속에 헌창은 한껏 가라앉아 있었다. 범문은 아무 말이 없는 아버지의 표정을 살피며 조심스럽게 다시 한 번 말문을 열었다.

"전국 각지에 흩어진 초적들이며 도적들도 천성이 그런 것은 아니지 않습니까? 이 나라의 망조에 따라 그리 된 것이옵니다. 마땅히 우리가 안고 가야할 자들이옵니다. 그들은 선량한 백성들이옵니다."

"……. 물러가 있거라. 내가 부를 때까지."

무겁게 가라앉은 목소리였다.

범문은 그러한 아버지의 목소리에 이제 결단을 내릴 것이라는 것을 직감으로 알고 있었다. 그는 소리 없이 물러나왔다. 이제부터 결전을 준비하는 것이 자신이 해야 할 몫이라는 것도 잘 알고 있는 그였다. 헌창은 한동안 자리에 앉아 생각에 잠겨 있었다.

그야말로 참혹한 상황이었다. 김헌창은 생기라고는 전혀 없는 세상의 풍물을 바라보며 길게 한숨짓고 있었다. 이 모든 것이 십여 년 전의 역모 때문이 아니겠는가. 12년 전의 홍수 때문이었다. 아니, 그 홍수를 핑계로 한 역모 때문이었다. 헌창은 아직도 그때를 생각하면 깊은 잠을 이룰 수가 없었다. 선덕왕을 계승하여 왕위에 추대된 왕은 헌창의 아버지 주원이었다.

원성왕(김경신)이 왕위에 오르기 전인 780년(혜공왕 16년).

김주원은 뒷날 선덕왕이 되는 김양상과 함께 김지정의 난을 진압하였고, 혜공왕을 살해하고 김양상을 선덕왕으로 즉위시키는 데 중요한 역할을 하였다. 김양상이 선덕왕으로 즉위하자 김경신은 상대등으로 임명되었고, 선덕왕이 아들이 없이 죽자 태종무열왕의 6세손인 김주원(헌창의 아버지)과 왕위 다툼을 하게 되었다.

그때의 일이었다.

조정에서는 김경신과 김주원의 왕위 계승을 놓고 논의가 끊이질 않고 있었다. 그즈음 김경신이 이상한 꿈을 꾸게 되었다. 참으로 묘한 꿈이라 그는 점치는 사람을 시켜 꿈을 풀이하게 하였다.

"내가 복상투를 풀고 흰 갓을 쓴 다음 12줄 가야금을 들고 천관사 우물 속으로 들어가는 꿈을 꾸었느니라. 이 무슨 징조인가?"

한참동안 생각에 잠겼던 그는 조심스러워하는 눈빛이 역력했다.

"무슨 꿈인데 이렇게 주저하는 게냐? 어서 바른 대로 대지 아니할까?"

"……. 복상투를 벗은 것은 관직을 잃을 징조이옵니다."

"뭐라? 관직을 잃어? 그럼 그 다음은 무슨 뜻이더냐?"

김경신은 온몸에 소름이 끼칠 정도였다.

"또한 가야금을 든 것은 칼을 쓸 징조이옵고, 우물 속으로 들어간 것은 옥에 갇힐 징조이니, 아주 불길한 꿈인 듯하옵니다."

김경신은 낙담했다. 이는 필시 자신을 음모하는 세력에 의한 위험을 경계하는 꿈임에 틀림없는 듯싶었다. 그러나 아찬 여삼의 꿈 풀이는 전혀 다른 것이었다.

"이는 낙담하실 일이 아니옵니다. 오히려 기뻐해야 할 일이옵니다, 나리."

"무슨 말을 하는 것인가? 오히려 기뻐하다니."

"그것은 그런 꿈이 아니옵니다. 오히려 좋은 꿈이라 생각되옵니다. 먼저 복상투를 벗은 것은 위에 앉은 이가 없다는 것이요, 흰 갓을 쓴 것은 면류관을 쓸 징조이옵니다. 또한 열두 줄 가야금을 든 것은 12대 손이 왕위를 이어받을 징조가 아니겠나이까. 천관사 우물에 들어간 것은 궁궐로 들어갈 상서로운 징조이옵니다. 이는 하늘의 뜻이지 않겠나이까?"

"그렇다면, 어찌 주원이 있는데 내가 왕위에 오를 수 있단 말인가?"

의아해 하는 김경신에게 여삼은 묘한 웃음을 흘리며 목소리를 낮추었다.

"몰래 북천산(알천)에 제사를 지내면 될 것입니다."

"몰래?"

그의 말대로 비밀리에 북천의 신에게 제사를 지냈더니 과연 얼마 후에 비가 내리기 시작하여 알천의 물이 불어나 김주원이 알천을 건너올 수가 없게 되었다. 여삼의 생각이 옳았던 것이었다. 여삼은 이때를 놓치지 않았다.

"인군의 큰 자리는 본래 사람의 계략으로는 되지 않는 것이오. 오늘의 폭우는 하늘이 혹시 주원을 세우지 못하게 하려 함이 아니겠소이까. 지금 상대등께서는 제왕의 아우로 덕망이 본래 높으시어 인군의 자격이 있으신 분이니 그분이 바로 하늘이 내린 인군이 아니겠나이까?"

이에 중신들은 만장일치하여 그를 세워 왕위를 계승케 하니, 얼마 지나지 않아 비가 그치고 국인들은 다 만세를 불렀다 하였다.

항간에 나돌던 이야기를 처음부터 되새긴 헌창은 신음 같은 한마디를 내뱉었다.

"그것은 역모였다. 자신들의 왕위 찬탈을 합리화하기 위한 더러운 변명에 지나지 않을 뿐이다."

그렇게 이어 온 왕위였다. 원성왕의 태자 인겸이 요절하자, 그의 아들인 준옹으로 소성왕을 삼았으나, 그 또한 한해 반을 넘기지 못하고 죽지 않았는가. 그러자 또 그의 아들인 청명을 어린 나이에 왕위에 앉혀 소성왕의 동생이었던 언승의 섭정이 시작되고 급기야 숙부인 언승에 의해 애장왕은 살해되고 만 것이었다. 잘못된 왕위 찬탈이 빚은 비극이었다. 숙부가 조카를 살해하는, 천륜을 어기는 짓을 한 자들이었다. 마땅히 하늘도 노한 것이리라. 그러니 7년간이나 기근에 시달리고 있는 것이 아닌가. 국기를 바로잡기 위해서 이제 일어서야 할 때였다.

헌창은 아들 범문과 수하들을 다시 불러 앉혔다.

"역적들에 의한 찬탈된 왕위를 다시 찾아야 할 때가 되었구나. 이는 네 조부의 억울함을 씻기 위함이기도 하지만 도적이 되어 산천을 떠도는 백성들을 구제하기 위함이니라. 이제 나라 이름을 '장안' 이라 할 것이며, 연호를 '경운' 이라 할 것이다."

822년 3월에 김헌창의 반란은 그렇게 하여 일어났던 것이다.

장보고는 그간의 이야기를 신라소에서 들어 알고 있었다. 정보가 빠르게 전달되게 함이 장보고 대사의 특명이었기 때문이었다. 점조직화되어 있는 재당 신라인들의 정보망 덕이었다. 그러나 신라 사회에 대한 깊이 있는 이해가 바탕이 되어야 할 시점이었다.

"그 규모는 어떠하였느냐?"

"그의 부임지였던 웅천주(공주)에서 시작되었사옵니다. 그리고 완산주(전주), 무진주(광주), 사벌주(상주) 등 4주와 국원경(충주), 서원경(청주), 금관경(김해)에 거사를 알리고 투항하라고 협박했으며, 많은 현령과 수령들이 초기에는 호응했었나이다. 그러나 청주 도독 향연이 피신하여 밀양으로 도망하였고, 한산주, 우두주(춘천), 삽량주(양산), 패강진(황해도 김천), 북원주(원주) 등에서는 군사를 정비하여 반란군의 침입에 대비를 하게 되었습니다. 헌창의 반란은 완산주에서 탈출한 최웅과 영충에 의해 도성에 알려졌고, 헌덕왕은 도성의 수비를 강화하고 군사를 징발하여 토벌에 나서게 되었던 것입니다. 이때 이찬 균정과 잡찬 웅원과 대아찬 우징 등이 주축이 된 토벌군은 삼년산성(보은)에서 반란군을 격파한 다음 속리산으로 진격해 가며 하나씩 토벌했나이다."

"가만 있자. 웅원이라면……?"

"맞사옵니다. 이사도의 난을 진압하기 위해 출병하였을 당시 김웅원 장군이 이끌었나이다. 결국 헌창은 웅진성에서 열흘 동안 저항하다가 자살했습니다. 부하들이 그의 목을 자르고 몸을 감추었다는 말이 있으나, 뒤에 관군이 김헌창의 몸을 찾아내 다시 주살하고, 그 친족과 동조자를 무려 이백마흔 명이나 모두 참수했나이다."

"어허. 피가 강을 이루었겠구나."

"3년 후에 다시 그의 아들 범문이 반란을 일으켰으나 죄를 물어 죽음을 당하였사옵니다. 헌덕왕도 다음해인 826년 10월 승하하고 그 뒤를 원성왕의 손자이며, 헌덕왕의 동생인 흥덕 대왕이 이으셨나이다."

"나라에 기근이 들고, 왕위를 놓고 끊이질 않는 정권 싸움이 백성들을 도적으로 내모는 것은 아닌가. 그들은 한낱 시들면 꺾여 버리는 풀들이란 말이냐. 제 자식을 내다 파는 자들 또한 오죽하였으면 그리 하였겠느냐. 이 모두 백성을 돌보지 못하는 것이 원인일 터이다."

"또한 신라에는 지금 사술이 불길처럼 번지고 있다 하옵니다."

"사술이라니? 미신을 말하는 게냐?"

"그러하옵니다, 대사. 좌도라고도 하는데, 속부술을 가지고 있다 하며 사람들을 부자가 되게 해 준다고 현혹하던 자가 있었습니다. 그러나 대왕께옵서 좌도에 대해서는 선왕의 법도 또한 지엄한 것이었음을 들어 먼 섬에 가두어버리는 형벌을 내리셨나이다."

"어찌 부자가 되는 것이 미신 때문이라는 말이냐. 어허, 참으로 안타까운 일이다. 안타까운 일이야."

어려계의 판단에도 신라 사회는 장래가 너무 어두웠다.

미신이 사람들 사이에서 퍼지고 있어 그것을 형벌로 다스리지 않으면 안 되는 사회가 지금이었던 것이었다. 장보고는 그저 고개만 끄덕거리고 있었다. 다 백성들이 살기 힘들기 때문이었다. 혼란스러운 정치 상황에, 기근까지 겹쳐, 나라의 재앙은 설상가상의 처지였으니 나약하고 힘없는 백성들이 의지할 것은 그저 미신뿐이지 않겠는가.

잠시 생각에 잠겼던 장보고는 결심이 선 듯 단호한 목소리로 말했다.

"내 대왕을 알현할 것이다. 왕도 서라벌로 전갈을 넣도록 준비하라."

어려계는 장보고의 말을 따라 서라벌로 전갈을 넣었다. 그러나 내심 조정 대신들이 이를 허락할지 염려스러웠다. 다만 당나라의 서주 무령군 소장으로 반란군 진압의 큰 공을 세운 인물인 데다, 무역을 통해 부를 거머쥐고 있었음을 알고 있는 조정 대신들도 있었기에 쉽게 거절할 수는 없을 것이란 생각이 들기도 했다.

"내 이곳에서 해적들을 모조리 쓸어버릴 것이니라. 또한 당나라와 일본, 그리고 신라를 연결하는 가장 안전한 해로를 마련할 것이다. 그러기 위해서는 무슨 일이 있더라도 이곳에 강력한 요충지를 만들어야만 한다."

828년 4월.

장보고 일행은 왕도 서라벌로 들어서고 있었다. 당나라의 군복을 그대로 입은 채 그의 일행들은 당당하게 대왕을 알현하기 위해서였다. 그런 그의 마음속에 타오르고 있는 것은 내 나라가 분명 장차 큰 부국으로 성장할 것이라는 다짐과도 같은 희망이었다. 그 희망을 이룰 수가 없다면 신라의 운명은 불 보듯 뻔한 일이었다. 내륙에서는 초적들의 반란이 점점 거세지고 있으며, 바다에서는 아직도 해적들이 횡행하고 있는 때였다. 장보고는 멀리 눈길을 둔 채 긴 한숨을 내뿜었다.

"대사, 알고 계십니까? 외짝 새에 관한 얘기 말입니다."

그의 곁에 붙어 있던 어려계의 조심스런 어투였다.

"외짝 새라니? 무엇을 말이더냐?"

여전히 멀리 눈길을 둔 채, 낮은 목소리였다. 무슨 생각에 골똘해질 때면 장보고는 무거운 침묵 속에 있었다. 이러한 것을 모르는 어려계는 아니었다. 장보고에게 일러둘 무엇인가가 있는 듯한 목소리였다.

"몇 해 전, 당나라에 온 사신이 있었나이다. 그 사신이 신라로 가는 길에 앵무새 한 쌍을 가지고 돌아간다 하더이다."

"으음, 그런 일이 있었느냐?"

장보고도 어려계가 말하는 내용에 대해 익히 알고 있던 바였다. 하지만 어려계는 생각이 깊은 사람이었다. 장보고는 짐짓 모른 체하며 말을 받았다.

"왜 앵무새를 가져가느냐고 물었더니 그 사신의 말이 대왕 마마께 올릴 것이라 하더이다."

"대왕 마마께? 대왕 마마께서 앵무새를 좋아하셨다더냐?"

"그것이 아니오라, 그 앵무새의 정겨움을 보신다면 돌아가신 왕비를 잊으시지 않겠느냐는 간절한 바람이었다 했습니다."

장보고는 여전한 자세로 고개만 간간히 끄덕였다.

죽은 정목왕후를 잊지 못하는 흥덕 대왕에게 많은 신하들이 새 왕비를 맞아들일 것을 청하였으나, 끝내 흥덕 대왕은 새 왕비를 맞이하지 않았다.

"그 후에 들은 얘기로는 오래지 않아 그 암놈이 죽고, 수놈이 슬피

우는 처지가 되고 말았다 하더이다. 말하자면 그 사신의 바람이 오히려 더 큰 슬픔이 되고 말았다는 것입니다."

"더 큰 슬픔이라……. 이유가 무엇이냐? 처지가 비슷하기 때문이었느냐?"

"대사, 신하들은 그것을 슬픔이라 생각하고 있었나이다. 그러나 제 생각으로는 대왕께옵서 더욱 그 마음속의 사랑이 앵무새를 통해 간절해진 것이란 생각이 드옵니다. 슬피 울고 있는 수놈의 앵무새를 위해 거울을 놓아주었으나 이내 수놈은 제 그림자인 것을 알고 더욱 슬피 울다가 죽었다 하니……."

"그래, 신하들의 생각과 임금의 생각이 어찌 같을 수만 있겠느냐?"

"그러나 대사, 전갈이 며칠이나 늦은 것으로 보아 대사에 대한 생각이 이리저리 갈렸구나 하는 느낌이 들어 노심초사하고 있었나이다."

"그래. 걱정할 것 없다. 이것은 바다의 길을 여는 것이니라. 바다는 자신의 깊은 속을 아는 자에게만 길을 열어줄 것이지 않겠느냐."

장보고는 굳게 입을 다물었다.

이미 다짐했듯이 백성들을 위해서 하는 일이 아닌가. 그 나라에 막강한 세력들이 있는 것은 당연한 일이지만, 그들의 바탕이 되는 힘이란 당연히 백성들의 힘일 것이다. 그들의 힘을 모으는 자만이 진정한 제국의 황제가 되는 것이리라. 열을 사들여 그 열을 취하는 자들이 재물에 능한 자들이라면, 그 하나 둘을 만드는 장인들의 피땀의 노력은 바로 생의 수단이 아니었던가. 그들을 위하지 않고서는 그 어떤 세력도 바로 설 수가 없는 것이리라.

장보고의 행렬을 보기 위해 구름처럼 사람들이 모여 들었다.

무령군 소장의 군복을 입은 장보고는 백마를 타고 앞장을 서고 있었다. 그의 뒤를 부하 장수들이 따르고 있었고, 또한 흥덕 대왕께 진상할 진귀한 물품들을 실은 수레가 그 뒤 행렬을 이었다.

"누구인가?"

사람들마다 손가락질하면서 말에 탄 장보고를 가리키며 수군거렸다. 그는 이미 당나라에 뿐만 아니라, 신라에서도 일본에서도 이름이 널리 알려져 있었다.

"저 자가 당나라에서 큰 공을 세워 소장의 지위에까지 오른 장보고라는 장수라 하더라고."

"그보다도 무역으로 천하의 부를 한손에 쥐고 있는 자라는 소리는 못 들었는가."

"어쩌자고 저런 장사치가 왕궁을 향해 저리도 당당하게 입성할 수 있단 말인가."

수군거림 속에서도 장보고의 행렬은 미동도 하지 않았다.

장보고의 일행은 인화문 앞에 멈추었다.

문을 지키는 군사들이 막아 세우자 장보고는 말에서 내렸다. 차고 있

던 칼들을 모두 풀었다. 장보고의 부하들은 장보고가 궁궐을 다녀오는 동안 인화문 앞에서 기다리고 있어야 했다.

장보고는 인화문을 지나 마침내 궁궐 안으로 들어섰다.

장보고가 조원전으로 입조하였을 때 홍덕 대왕을 비롯하여 상대등 김충공, 시중 김우징 등 백관들이 나와 장보고를 지켜보고 있었다. 그 중 상대등 김충공은 홍덕 대왕의 동생이었다. 후자가 없었던 홍덕 대왕의 다음 권력의 첫 번째 서열에 있던 인물이었다. 눈빛이 예사롭지 않게 빛나고 있었다. 중앙 귀족들의 세력이 날로 커지고 있음은 왕실에게는 위협이었다. 이미 홍덕 대왕의 심중을 헤아리고 있었던 김충공이었다. 장보고가 홍덕 대왕의 뜻을 따를 수 있을 정도의 그릇이 될 것인가를 지금 김충공은 날카롭게 지켜보고 있는 것이었다. 하지만 마음 한구석에는 그의 당당함이 오히려 또 다른 세력을 키우는 것이나 아닌가하는 의구심도 담겨져 있었다. 그의 아들 대아찬 김명도 아버지 곁에서 장보고를 지켜보고 있었다.

또한 장보고를 지켜보고 있는 또 다른 세력은 시중 김우징과 그의 아버지인 아찬 김균정이었다. 홍덕 대왕의 사촌이었던 김균정이 며칠 전 장보고가 홍덕 대왕을 배알하겠다는 전갈을 전해 들었을 때, 그 또한 깊은 생각 속에 잠겼다.

"용맹스러움이 대단한 장수라고 들었다. 그가 갑자기 대왕 마마를 알현하겠다니? 도무지 그 무슨 일인지 가닥을 잡을 수가 없구나."

"그는 미천한 자라 하옵니다. 그러한 자가 어찌 대왕 마마를 알현하겠다는 것인지, 무례한 짓이 아니옵니까?"

우징은 그에 대한 반감을 가지고 있었다.

"아니다. 그의 출신만 놓고 볼 문제가 아니다. 또한 그는 당나라의 세력도 업고 있지 않느냐?"

"일개 소장을 어찌 당나라의 세력이라 말하십니까?"

"또한 그는 해상무역으로 큰 재력을 가진 인물이라 들었다. 이 모든 것들로 봐서 만만한 인물은 아닌 듯싶구나."

김균정은 장보고의 인물에 대해 알아 본 것들을 토대로 심상치 않은 인물이라는 것을 직감하고 있었다. 그러나 아직도 우징은 그가 천한 출신임을 운운하며 잔뜩 불만스러운 내색을 하였다.

"대왕 마마께서도 윤허하신 일이지 않느냐. 너는 어찌 생각하는 것이 편협하단 말이냐?"

김균정이 보기에 장보고는 왠지 예사롭지 않은 인물인 듯 보였다.

"대왕 마마, 신 장보고 문안드리옵니다."

장보고가 무릎을 꿇고 예를 올리자 어좌에 앉은 흥덕 대왕이 웃으며 말하였다.

"짐은 이미 경의 이름을 들어 알고 있었느니라. 무예가 출중하여 이사도의 반란에서 큰 공을 세웠다고 들었는데 맞느냐?"

"보잘것없는 신이오나 서주 무령군에서 이사도의 반란군을 물리치는 데 함께 했나이다."

"오호, 그래. 장수였던 경이 이제는 해상무역을 하고 있다고?"

이미 흥덕 대왕은 장보고에 대해 자세하게 알고 있었다. 그의 활약은 군중에서도, 무역에서도 뛰어남이 돋보였던 것이었다. 흥덕 대왕은 그런 그가 흔들리는 신라에 큰 활력을 불어넣어 줄지도 모른다는 생각을 내심 하고 있었다. 아니, 귀족 세력들을 견제할 만한 막강한 세력을 흥덕 대왕은 필요로 한 것이었을지도 모른다.

"신은 본래 바다를 집으로 삼아 살았나이다. 그리고 바다를 통하여 더 넓은 세상을 만나고 싶어, 해상무역을 하게 되었나이다. 당나라에 있는 신라인들은 본디부터 해상무역의 귀재라 하옵니다. 그들과 더불어 해상의 큰길을 꿈꾸고 있던 차에 이렇게 대왕 마마를 알현하게 되었사옵니다."

장보고의 말에 잔뜩 귀를 세우고 있던 신하들의 수군거림이 있었다. '바다를 집으로 삼는 자'라 자칭하는 것에서 또다시 그의 출신이 영 못마땅하였기 때문이었다.

"해상무역의 귀재라?"

"그러하옵니다. 신라인들은 바다를 통해 삶을 살고 있사옵니다. 항해와 관련된 일들에서는 그들을 따를 자들은 없나이다. 모든 뱃길을 거칠 것 없이 항해하며, 당나라, 일본뿐만 아니라 그 외의 먼 나라 사람들의 말까지 막힘이 없는 통역하고, 거친 바다를 항해하는 배를 만드는 일에도 신라인들은 조직적으로 그 일을 맡아 하고 있나이다. 그들만의 힘이 없고서는 이 해상의 무역은 어렵사옵니다."

장보고의 말은 이제껏 듣지 못한 말들이었다. 그렇게 뛰어난 인재들이 신라인이었단 말인가. 그러나 신하들은 당나라에 살고 있는 신라인들만을 귀재라 하는 장보고의 말이 곱지만은 않았다.

"대왕 마마, 어찌 당나라에 살고 있는 자들이 진정한 신라의 백성이겠나이까? 또한 재당 신라인들이 지닌 특출한 능력이 어찌 신라에는 없겠나이까?"

흥덕 대왕은 신하를 향해 꾸짖듯이 말했다.

"진정 그런 능력을 지닌 우리 신라인이 있었단 말이오? 어찌 그렇다면 이제껏 일언반구의 말이 없었던 게요? 이는 백성들의 삶을 부유하게 하려는 짐의 뜻을 저버린 것이 아니겠소? 이제껏 짐의 얘기에 의미를 두지 않았던 것이 아니오?"

백관들은 일시 잠잠해졌다.

이미 장보고의 알현을 두고 신하들 중에 반대하는 자들이 있다는 사실을 알고 있던 흥덕 대왕이었다. 그는 다시 장보고를 향해 부드러운 어조로 다시 물었다.

"그 외의 먼 나라들이라니?"

"지금 양주에 드나드는 사람들에는 신라, 발해, 일본뿐 아니라 이상한 복장을 한 점파국이며, 파사국, 대식국의 사람들도 자기들 나라의 물건들을 가지고 와서 팔고, 또 이쪽의 물건들을 사 가지고 떠나고 있사옵니다. 대왕 마마, 이는 바닷물이 때를 타고 뭍으로 들어오고, 뭍에서 나가는 이치와 같사오며, 움츠렸던 새가 하늘을 향해 날아오르는 이치와 같사옵니다."

"자연의 이치란 말이더냐? 아니 그리 먼 나라의 사람들과 통해서 과연 그 이문을 취할 수 있다는 말이더냐."

흥덕 대왕은 어좌에서 상체를 일으키며 장보고의 말에 흥분을 감추지 못하고 있었다. 장보고는 그런 흥덕 대왕의 거동을 하나도 놓치지 않았다.

"대왕 마마, 신의 어리석은 생각으로는 우리 신라가 세상에서 부유한 나라가 되기 위해서도 해상을 통한 무역이 무엇보다도 필요하다 사료되옵니다. 하지만 반드시 그것에 앞서 해야 할 일이 있는 줄 아뢰옵니다."

"그게 무엇이더란 말이냐?"

"해적의 소탕이나이다."

"음……."

신라의 조정에서도 해적들에게 강제로 납치되어 당나라의 노예로 팔려 나가는 신라인에 대해서 당나라 조정에 단속시켜줄 것을 정식으로 요청한 적이 있을 정도였다. 신라가 숙위 왕자 김장렴을 통해서 이를 정식으로 요청하자 당나라의 조정에서는 816년 신라 노예를 사고

파는 행위에 대해서 금지령을 내린 적이 있었다. 그러나 그 무렵 지방에 대한 통제력이 약화된 당나라에서 중앙 조정으로부터 내려온 금지령이 제대로 지켜질 리 없었다.

실제로 당나라 조정에서 금지령이 나온 지 5년째 되던 821년에 평로군 절도사 설평은 상주문에서 다음과 같은 사실을 지적하고 있었다.

"해적들이 신라의 양민을 약탈하여 중국에 노비로 팔고 있어 그 폐단이 극심하나이다. 하오니 이런 범법 행위를 금단할 수 있도록 황제께서 칙령을 내려주시옵소서."

설평의 상주문을 받은 당나라의 황제는 821년 3월 10일자로 신라 노예의 매매를 금지하는 금칙(禁勅)을 발표하였다. 그리하여 2년 뒤 823년 정월 1일에는 중국에 끌려와 있던 신라 노예를 반환하라는 칙령까지 내렸던 것이었다.

이에 따라 신라 사신 김주필은 즉각 당 황제에게 상표문을 올려 황제의 칙령에 따라 노예에서 해방된 신라인들이 본국으로 귀환할 수 있도록 선편을 제공해줄 것을 청원함과 동시에 중국으로 떠도는 신라인들을 매매하지 않고 본국으로 반환할 수 있도록 조처해줄 것을 청원하였다.

"그러나 황제의 칙령에 의해 신라 노예의 매매가 금지되었으나, 은밀하고 사사로이 이루어지는 노비의 밀무역은 여전히 기승을 부리고 있는 상황이옵니다. 자연히 무역선들조차 마음 놓고 무역에 임하지 못하는 것 또한 해적들로 인한 어려운 현실이옵니다."

장보고의 장황한 설명이 아니더라도, 그것이 사실이라는 것을 흥덕 대왕 뿐 아니라 신하들조차 다 알고 있었다. 모두들 고개를 끄덕이며, 장보고의 말에 귀를 기울이고 있을 따름이었다.

"대왕 마마, 신에게 기회를 주신다면 신은 반드시 해상에서 해적들을 멸하여 해로를 안전하게 보존하겠나이다."

가슴 깊은 곳에서 우러나오는 당당한 장보고의 말이었다. 백관들 또한 모두 장보고를 멍하니 바라만 보고 있었다. 흥덕 대왕조차, 상상할 수 없었던 장보고의 말에 의아해할 뿐이었다.

"지금 경이 해적들을 모두 멸할 것이라 하였는가?"

"그러하옵니다, 대왕 마마. 신께 기회를 주신다면 제 목숨을 걸고서라도 반드시 해적들을 멸할 것이옵니다."

"어떤 기회를 말하는 것이냐?"

"대왕 마마께오서 신께 진영을 설치할 기회를 주시고, 군사를 주신다면 신은 반드시 바다 위에 창궐하는 해적들을 멸할 것이옵니다."

선덕왕 3년, 720년에는 황해도 금천에 패강진을 세웠고, 장보고가 흥덕 대왕을 만난 1년 후에는 지금 남양에 당성진을 세웠다. 이는 모두 신라와 당나라와 무역을 위해 서해에 안전한 해상로를 확보하기 위함이었으나, 당나라와 신라, 그리고 일본을 잇는 남해에 대해서는 속

수무책이었던 것이다.

이러한 신라 조정의 부단한 노력에도 불구하고 해적들은 여전히 기승을 부리고 있었는데, 감히 장보고는 자신의 입으로 해적들을 반드시 멸하겠다고 장담하고 있는 것이 아닌가.

"그러하면 경은 어디에 진영을 설치하겠다는 것인가?"

"청해이옵니다."

"청해라면……?"

"완도라는 섬이옵니다."

"어째서 경은 진영을 서남에 있는 섬 중에 설치하려 하는가?"

흥덕 대왕의 의문은 당연한 것이었다. 그 무렵까지만 해도 신라와 당을 잇는 중요한 해상로는 주로 당진과 산둥반도를 잇는 서해의 지름길이 고작이었던 것이었다. 그러나 장보고가 말한 장소는 전혀 생각지 않았던 서남쪽의 낯선 변방이었다.

"대왕 마마, 청해는 신의 고향으로 그곳의 지리와 물길에 대해서 신이 누구보다 잘 알고 있나이다. 또한 청해는 당나라와 일본을 잇는 해상 교통로의 요충지에 자리 잡은 천혜의 요새이옵니다. 그 누구도 청해를 거치지 않고서는 일본에 갈 수 없으며, 또한 청해를 거치지 않고서는 당나라에 갈 수 없나이다. 그러나 무엇보다 청해에 진영을 설치하려 하는 것은 해적 때문이옵니다. 당나라의 해적선과 일본의 왜구, 그리고 해안 지방에 출몰하는 해상 도적들을 소탕하기 위해서는 반드시 남해의 청해에 진영이 필요하기 때문인 것이옵니다."

홍덕 대왕은 장보고를 잠시 물리고 신하들의 의중을 물었다. 홍덕 대왕은 이미 장보고의 그 당당한 말에 마음의 결정을 하고 있었다. 어차피 신라 왕실의 안위를 위해서도, 진골 세력들이 나날이 세를 불리는 것을 견제하기 위해서도, 그 어떤 세력과도 결탁하지 않은 새로운 세력이 필요했다. 또한 양민들을 약탈하고 노략질을 일삼는 해적들에 대해 이미 손을 쓸 수도 없는 상황에서 강력한 누군가의 힘이 필요했다. 때마침 장보고가 나타난 것이다.

"경들의 생각을 말해보시오."

"대왕 마마, 이 같은 일은 선대에는 없었던 일이옵니다. 지엄한 법령에서 어긋나는 일이옵니다."

"그러하옵니다, 대왕 마마. 곳곳에서 난이 일어나고 있는 상황이옵니다. 이는 나라의 기강이 바로 서지 못하기 때문이온데, 이제 미천한 자에게 진의 진장을 삼으시려는 것은 신라의 법도뿐 아니라, 나라의 근간을 흔드는 일이옵니다."

당연한 신하들의 반발이었다. 골품제도에 어긋나는 것은 사실이었다. 그러나 홍덕 대왕은 장보고를 통해서 얻을 수 있는 것이 결코 적지 않을 것이라 판단했다. 흉흉한 민심을 잡기 위해서도 필요한 조처였다.

"그가 설령 미천한 출신인 자라 하더라도, 그를 멀리할 일은 아니지 않은가. 무역의 귀재라는 정평까지 나있는 인물인 점을 경들은 어찌 생각하지 않는 것인가? 내 나라가 부강해지기 위해서라면 모든 방법을 동원해야 하지 않겠소? 백성들의 굶주림을 벌써들 잊었단 말이오?"

"하오나 대왕 마마, 저들이 신라의 문을 열고자 함에는 그만한 이익이 있기 때문이옵니다. 그 점을 유념하시옵소서."

"더욱 상세하게 그 이익이 무엇인지, 또 실익이 무엇인지를 가려야 하지 않겠소?"

"상인이란 본래 자신의 이익이 없으면, 장사를 하지 않는 자들이옵니다. 하오니 그 상세함을 따지기에 앞서 그들의 근본적 심성을 헤아리시는 것이 자명한 일이 아니옵니까? 재물이나 진귀한 물품이란 모든 이들이 앞 다투어 지니려 하는 것이 인지상정인 것입니다. 지금 항간에는 빨리 부자가 되는 방법을 믿고 몰려드는 백성들이 구름 같다 하옵니다. 이 모두가 잘못된 상술에서 나온 것은 아닌지 염려되옵니다. 대왕 마마."

"그는 서주에 소속된 인물이나이다. 함부로 대할 그런 작은 장사치가 아니옵니다. 다분히 당나라와의 외교적 관계까지를 고려하여야 할 문제라 사려 되옵니다."

김균정이었다. 다른 신하들의 반발에 맞서 홍덕 대왕의 심중을 헤아리고 있는 듯싶었다.

"무엇보다도 서남 해안의 해적들을 소탕하겠다는 그 뜻도 크려니와, 지금 누군가가 나서서 반드시 멸해야 하는 것이 해적이나이다. 그는 군중에서 소장까지 지낸 장수이옵니다. 당나라에서 보잘것없는 출신인 그에게 소장직까지 맡긴 것만을 보더라도 그만한 장수로써의 능력을 지닌 것이 아니오리까. 또한 무역을 통해 재력을 지닐 만큼 뛰어난 수완을 지닌 인물임은 자명하나이다. 비록 신라의 법령이 지엄하다 하더라도 그와 같은 인재를 통해 신라의 국운을 바로 세운다면 마땅히 그리하셔야 하는 줄 아뢰옵니다."

시중 김우징은 아버지 김균정의 말에 놀라움을 금치 못했다. 모든 신하들이 신라 법령을 들어 반대를 하고 있는 와중에서 그를 옹호하고 있는 것이었다.

"하지만 그로 인해 파급되는 일들은 어찌 수습하시려 하나이까?"

김균정에게 만일 벌어질 사태에 대한 책임에 대한 대책을 묻는 말이었다. 홍덕 대왕은 김균정의 대답에 귀를 기울였다.

"신라의 법령에는 중위 제도라는 일종의 특진의 길을 열어두고 있나이다. 비록 그 신분 계급에 따라 제한된 관등의 상한선을 넘을 수는 없다 하더라도, 엄격한 규정에서의 예외적인 일이 아니옵니까? 이와 마찬가지로 나라에서 꼭 필요한 인재를 써야 한다면, 이러한 예외의 관직으로서 골품제의 지엄함도 손상치 않고, 또 그러한 능력을 지닌 인재를 나라의 국운을 위해 등용하는 것이 바람직하다 여겨지나이다, 대왕 마마."

"예외적인 관직이라……."

홍덕 대왕은 고개를 끄덕이며 신하들을 둘러보았다. 그러나 이러한 김균정의 제안에 대해서도 못마땅하다는 여러 신하들의 표정이 역력했다.

"그러나 이것은 군부와 관계된 것이옵니다. 최고의 지휘관인 장군은 급벌찬 이상이면 될 수 있으나, 진골 출신에 한해야 한다는 별도의 규정까지 정하고 있지 아니하나이까. 이는 그만큼 나라의 안위와 직결되는 문제이기 때문이나이다. 대왕 마마, 신중을 기해야 할 문제이옵나이다."

대아찬 김명이었다.

"으음. 나라의 안위를 생각하는 경들의 마음을 모르는 바 아니나, 짐의 생각이나 경들의 생각이나 해적들을 멸해야 한다는 점에서는 다들 같은 듯하오. 또한 역적들의 난을 진압하는 등 나라의 살림 또한 어려운 이때가 아니오? 그대들이 거듭 강조하는 신라의 법령 또한 지엄한 것이외다. 하여……."

모든 신하들은 홍덕 대왕의 다음 말을 긴장한 채 기다리고 있었다.

"장보고에게 청해진을 설치하게 하여 해적을 소탕하게 하는 한편, 당나라와 일본과의 교역을 통해 백성들의 삶을 구제하도록 할 것이외다. 그러나 그에게는 신라의 관직에서는 예외적인 것으로, 청해진의 대사로 임명할 것이오. 어서 장보고를 들라 하라."

김균정의 뜻을 받아들인 것이었다. 다른 신하들 또한 예외적인 관직을 수여하겠다는 홍덕 대왕의 뜻을 더 이상 거스를 수는 없었다. 청해

진 대사. 모든 신하들은 이 생소한 관직 이름을 속으로 몇 번이나 되뇌고 있었다.

장보고가 다시 흥덕 대왕의 앞에 무릎을 꿇었다.

"짐은 경에게 1만 명의 군사를 징발할 수 있는 병권을 부여한다."

흥덕 대왕의 말에 백관들은 놀라움을 금할 수 없었다. 이에 시중 김우징은 어명을 담은 교지를 펼쳐 백관들에게 말하였다.

"대왕 마마께옵서 장보고를 청해진 대사에 제수하시었소."

장보고는 무릎을 꿇고 두 손으로 대왕 마마의 교지를 받아들었다.

"신 장보고 신명을 다하여 대왕 마마의 어명을 받들어 이루겠나이다."

장보고는 흥덕 대왕으로부터 청해진 대사를 제수받고 궁궐을 나왔다.

왕도 서라벌. 골품제의 노른자위에 해당하는 진골 출신의 사람들이 살고 있는 서라벌의 한복판을 장보고는 당당하게 부하들과 함께 거슬러 올라갔다. 이제 그는 미천한 해도인이 아닌 청해진 대사였다.

"이곳이다. 대왕 마마의 어명을 받들 곳이니라."

장보고는 조음도를 청해진의 본영으로 삼겠다고 부하들 앞에서 자신감에 찬 목소리로 소리쳤다. 조음도. 3만 8천여 평의 작은 섬이었지만, 고금도, 조약도, 신지도, 보길도, 노화도 등 큰 섬으로 감싸여 있어 내해와 같은 느낌을 주는 바다에 위치한 요충지였다. 이후 장도, 또는 장군도라 불린 이 섬은 완도 장좌리 인근의 섬으로, 썰물 때에는 장좌리와 장도 사이의 갯벌이 수면 위로 노출되어 걸어 다닐 수 있는 곳이었다. 또한 장도의 동, 남, 북 세 방향은 급경사나 깎아지른 절벽으로 되어 있어 결코 섬에 오르기가 쉽지 않은 곳이었다.

"이제 1만의 군사로 신라의 서남해안의 해적들 소탕은 물론, 산둥반도에서부터 신라, 신라에서 일본으로의 해로를 안전하게 열 것이니라. 하여 해상에서의 주도권은 바로 이 청해진에서 쥘 것이니, 어명을 받듦에 있어 한 치의 오차도 있어서는 아니 될 것이다. 모두 신명을 받들어 이루어내야 한다."

이에 장도에는 판축 토성으로 성을 쌓고 그 성 안에 거대한 규모의 건물이 들어섰다. 그것은 곧 장보고의 위엄이었다. 또한 청해진에는 관음사라는 절을 지었고, 그 절이 안치된 산을 상황산이라고 명명하였다. 이는 청해진을 관세음보살의 가호로 현세 속의 이상국과 현실 속의 불정토를 만들려 한 장보고의 뜻을 담은 것이었다.

장보고는 청해진 대사로 1만의 병사를 거느린 장수였다. 섬 곳곳에서 출몰하는 해적들의 세력들을 멸하기 위해서는 무엇보다도 정예의 군사가 필요한 것이었다. 이미 장보고는 그만한 재력을 지닌 인물이었고, 무역을 통한 재정의 확보 또한 완벽하게 준비되어 있는 상황이었다. 그는 정예의 군사를 만들기 위해 훈련을 게을리 하지 않도록 엄격히 다스리는 동시에, 장수에 대한 아낌없는 마음을 주었다. 이제 완도 일대는 말 그대로 장보고를 주인으로 따르고 있는 상황이었다.

또한 그는 무역에서도 급진전을 이루었다. 산둥반도를 중심으로 이루어지고 있는 무역에서 안전한 해로를 확보했으니, 더 이상 바랄 것이 없을 정도였다.

"전에도 그랬듯이 이곳에서도 최우선이 안전한 해로를 확보하는 것이다. 해적들은 그 뿌리까지 찾아내 없애도록 하라."

해적들은 이내 소멸되었다. 당나라와 신라의 전 해역을 장보고는 장악한 것이었다.

이러한 그의 공에 대해 조정에까지 급하게 퍼져 나갔다.

"대왕 마마, 청해진의 장보고 대사가 진을 설치한 지 얼마 되지 않았사오나, 이미 해적들이 그 종적을 감추고 있다 하옵니다."

"하하하. 짐의 안목이 정확하지 않았더냐? 대단한 장수다."

"또한 해남의 장인 수십 명을 당나라에 보내 고가의 도자기 제작 기술을 익히게 하여, 도자기를 적극적으로 생산하도록 한다 하옵니다."

"도자기를?"

"그러하옵니다. 몇 해 전 대렴이 당나라로부터 차 종자를 가지고 왔나이다. 그리하여 차의 보급이 대량화되고 있었사온데, 그에 따라 다기의 수요 또한 급증한다 하옵니다. 그리하여 당나라에서 월주요의 제작 기술을 익히게 하여 신라에서도 이제는 도자기를 생산하고, 그것을 또 당나라에서도 팔고 있다 하나이다."

홍덕 대왕은 고개를 끄덕였다. 역시 장보고였다. 그 누가 하나라도 제대로 할 수 있었던 일이었던가. 그는 그 둘을 모두 해내고 있었다.

해적 소멸만 해주어도 기쁜 홍덕 대왕이었다. 거기다가 무역의 활성화 또한 청해진에서 주도를 하게 되었다니. 그동안의 바람이 하나하나 눈앞에 이루어지고 있는 것이었다.

"그래, 백성들은 어떠하더냐?"

"모두가 칭송이 대단하다고 하나이다. 대왕 마마의 성은을 입은 것으로 생각하고, 서남 해안 일대의 백성들 모두 즐거운 낯빛이라 하옵니다."

"그게 어찌 짐의 은덕이겠느냐."

홍덕 대왕 또한 흐뭇한 일이었다.

장보고의 무역은 해적들이 사라진 해로를 따라 그 빛을 발하기 시작했다.

양주에서는 여전히 왕청과 최훈 병마사가 이끄는 신라 선단이 활개를 치고 있었다. 대식국이나 점파국 등지에서 들여온 물건들을 배에 가득 싣고 신라의 청해진으로 실어 왔다. 그 물품 중에는 불교에서 사용되던 특수한 향료가 포함되어 있었고, 그것은 중국에서도 고가로 판매되던 물품이었던 것이다. 또한 당나라 귀족의 사치품이었던 유리 제품들 또한 서라벌 근교의 큰 절에서 사들이고 있었다.

이러한 수입 물품들은 이미 신라의 생활 속까지 깊숙하게 파고 들 정도였다.

"고가의 물품들이 신라의 귀족층에서 불티나게 팔리고 있나이다.

대사."

"지나침은 모자람만 못하다 하는데, 너무 무분별한 것은 아니더냐?"

장보고는 오히려 자신의 선단으로부터 들여온 물품들을 선호하는 서라벌의 귀족들을 한편으로는 경계하고 있었다. 그것은 다름 아닌 지나친 소비와 향락을 일삼는 귀족들 때문이었다. 아직도 신라는 천재지변으로 곳곳에서 그 재해로 인한 피해가 극심한 때였다.

"한편으로는 그러하지만, 이것은 이곳 신라에서만 일어나는 일은 아니지 않습니까? 일본에서도 이미 그러한 일이 일어나고 있사옵니다."

"하기는 그렇지. 당나라에서도 마찬가지가 아니었더냐."

"으음, 하여튼 해상에서의 어떤 경우에라도 불상사가 일어나서는 안 된다. 특히 신라 해안의 어민들에 대한 보호는 가장 중요한 일이라는 점을 다들 명심하도록 하여라."

장보고는 깊은 생각에 잠겼다.

일본 조정에서는 왕실이나, 귀족, 지배층, 그리고 일반 백성들에 이르기까지 신라 선단과의 무역을 사실상 금지하고 있었다. 그러나 그것은 조정의 힘으로도 막을 수 없는 추세였다. 예전보다 더 해로의 안정성이 확보되어 활발하게 신라 선단이 드나들었기 때문에 그만큼 무역은 활기를 띤 것이었다.

그것은 변화였다. 일본과 신라는 이미 753년 사실상 국교가 단절됨으로써 공무역이 그 기능을 상실해 가고 있었다. 이에 장보고는 사무역으로써 그 무역의 갈증을 풀어주고 있는 것이었다. 또한 일본 측에서는 장보고의 도움이 아니고서는 당나라, 신라와의 교류가 사실상 힘든 처지였기 때문에 장보고의 무역을 공공연하게 인정하고 있던 터였다. 장보고 또한 그런 일본의 호의를 받아, 일본과 당나라의 교류의 통로 역할을 하고 있었다.

정작 문제는 신라였다.

흥덕 대왕은 832년 봄과 여름의 가뭄으로 백성들이 곤궁한 처지가 되자, 스스로도 정전을 피하고 음식의 반찬마저 줄이는 솔선수범을 보였다. 그러나 귀족들의 지나친 사치는 변함이 없었다. 이에 824년 흥덕 대왕은 사치 금지를 명하였다.

"풍속이 점점 경박해져서, 백성들이 사치하고 화려함을 다투어, 단지 다른 나라 물건의 진기함을 숭상하고 도리어 토산물의 저급 품질을 싫어하여, 신분에 따라 각각 다른 예의를 잃고 참람되려는 지경에 닥쳤으며, 풍속이 쇠퇴하고 허물어짐에 이르렀다. 이에 감히 옛 법에 따라 밝은 명령을 펴는 바이니, 그래도 혹시 고의로 범하는 자가 있으면 진실로 일정한 형벌이 있을 것이다."

이러한 금지령은 그만큼 장보고 선단의 무역 물품이 사회의 큰 변화를 몰고 왔다는 뜻이기도 했다. 신분에 따라 사용 금지 품목들이 구체적으로 정해진 것이었다. 그러나 일본에서와 마찬가지로 그와 같은 조처가 변화의 물줄기를 끊어 버릴 수는 없는 일이었다.

5. 왕가의 다툼 속에서

836년 12월.

홍덕 대왕이 병으로 세상을 떠났다.

그런데 홍덕 대왕에게는 뒤를 이을 왕자가 없었다. 더군다나 홍덕 대왕의 아우인 김충공마저 이미 세상을 떠난 후였기 때문에 왕권을 차지하기 위한 싸움을 막을 수 있는 사람조차 없었다. 결국 평화롭던 신라 왕실은 피비린내 나는 전쟁터로 변해가고 있었다.

홍덕 대왕의 사촌 동생인 상대등 김균정과 그의 조카인 제륭은 서로 왕이 되기 위해 다투기 시작했다. 원래 왕위를 이어받아야 할 사람은 김충공의 아들인 김명이었다. 그러나 김명에게는 힘이 없었다. 그는 정통 왕위 계승자였지만, 조정에서 높은 벼슬 한자리 하지 못한 위인이었다. 그리하여 김명은 김균정과 제륭이 서로 왕이 되고자 다투는 것을 보고도 아무 말도 할 수가 없었다.

"진정한 왕위 계승자는 바로 나이지 않느냐. 헌데 어째서 김균정과 제륭이 왕권을 두고 다툰단 말이더냐."

그러나 김명으로서는 어쩔 수가 없는 일이었다. 조정의 신하들조차 자신의 편을 들어 줄 사람은 없었다. 그는 힘없이 주저앉고 있는 처지일 뿐이었다. 그러나 이대로 물러설 수는 없는 일이 아닌가. 생각 끝에 김명은 제륭 쪽에 서기로 결심하였다. 이는 후계자가 없는 제륭을 도움으로써 다음의 왕권을 노리기 위한 방안이었던 것이다. 그러기 위해서는 김균정 일파와의 대결에서 승리해야만 했다. 김균정에게는 우징이라는 아들이 있었다. 또한 김균정은 이미 김양이라는 막강한 세력이 돕고 있었기에 아무리 생각해도 김명에게는 제륭 편에 서는 것이 더 이로운 것이었다.

김명은 제륭 편에 서서 조정 대신들을 움직였다. 그러자 막강하던 김균정의 세력이 조금씩 제륭 쪽으로 옮겨가기 시작했다. 누가 뭐라고 해도 김명은 왕실의 정통 계승자이니, 그가 지지하는 세력을 따르는 것이 옳은 일이라고 판단한 신하들이 마음을 달리 먹은 것이었다.

한편, 김우징은 예징, 김양과 더불어 왕권을 차지하기 위한 방법을 모의하고 있었다. 우징은 여전히 근심스런 얼굴이었다.

"내가 부친을 왕위에 모시려 함은 부자의 사이라 해서 그러는 것이 아니오. 어찌 선왕의 아드님이 없는 이때, 왕의 당제인 부친을 두고 당제의 아들인 제륭을 왕으로 모시겠느냐 하는 것이오. 그런데도 시중 김명, 아찬 이홍, 배훤백 들은 순위에도 맞지 않는 왕위 계승을 주장하고 있소. 그들은 제륭을 왕위에 오르게 함으로써 저희들의 기반을 굳게 하여 권세에 오르려 하니 이를 어떻게 하는 것이 좋겠소?"

굳은 표정으로 이야기를 듣고 있던 김양과 예징은 발끈하였다.

"아니 될 말이외다. 우리는 목숨을 걸고라도 이 나라의 왕실을 그르치는 일을 막아야 하오."

"왕께서 승하하시자 김명 일파는 제륭을 부추겨 왕위에 오르게 하려고 갖은 음모를 하고 있소이다. 어찌 감히 그런 일이 있을 수 있단 말입니까?"

우징은 그들을 한동안 바라보고 있었다.

"우리가 가야 할 길은 정도요. 왕실을 위해서도 그것이 온당한 일일 것이오. 우리들이 바로 잡아야 하오."

우징은 부친인 균정이 마땅히 왕좌에 앉아야 할 것을, 아찬 예징과 김양 두 사람에게 은근히 호소하여 그들의 동조를 얻고, 굳은 결심을 하고 있었다. 어떻게 해서든지 반대파의 책략을 물리치고 자신의 뜻을 이루리라는 단호한 결심이었다.

"그러기 위해서는 김명이 문제가 아니옵니까?"

김양의 날카로운 말이었다. 이미 김명이 제륭을 밀기 위하여 대신들을 움직이고 있었고, 그에 따라 김균정을 지지하던 세력들조차 조금씩 흔들리고 있었다. 이렇게 된다면 김양으로도 난감한 일이 아닐 수 없었다. 김균정을 밀어 왕위에 오르게 함으로써 자신 역시 당당한 세도가가 되리란 야망을 지닌 그였다. 그 야망을 이루기 위하여 지금 그 어떤 세력도 넘볼 수 없는 단단한 세력을 만들려고 한 것이 아니었던가. 장보고만 하더라도 김양이 있는 무주도독의 관할구역에 있었다. 장보고와의 관계를 긴밀하게 유지하려는 그의 생각과 김균정의 지지로 청해진을 설치할 수 있었던 것이다. 장차 호족이라든가, 귀족 세력들을 견제하기 위한 목적도 은밀하게 균정 일파는 지니고 있었다.

"……."

"무슨 수를 써야 하옵니다. 그대로 놔두어서는 안 됩니다. 무슨 수를……."

김양은 말끝을 가슴속으로 감추었다. 김명만 없다면, 앞으로의 일들은 술술 풀려 나갈 것이다. 김명만 없다면. 깊은 생각에 빠져 있던 김양은 낮은 소리로 우징에게 말했다.

"나리, 이번 일은 제게 맡기시지요."

"어떻게 하겠단 말이오?"

"더 이상 김명이 제륭을 돕지 못하게 하겠단 뜻이옵니다. 나리, 이 일은 지체될수록 저희에게는 불리한 일이옵니다. 서둘러 처리해야 할 일이옵니다."

김우징은 더 이상 아무 말도 하지 않았다.

"일은 분명하게 처리해야 하오. 만약 일을 그르치는 경우에는 큰일에까지 그 화가 미칠 것이니, 무슨 뜻인 줄 아시겠소?"

"네, 나리. 잘 알고 있사옵니다."

자리를 물러난 김양은 그때부터 내내 김명을 어떻게 처리할 것인가에 대한 고민으로 두문불출하고 있었다. 섣불리 건드릴 문제가 아니었다. 그러나 반드시 일은 누군가에 의해 김명이 살해당했다는 것이어야 했다.

김양은 염장을 떠올렸다. 염장이라면 자신에게 목이라도 내놓을 인물이었다. 뿐만 아니라 무주에서도 그 얼굴이 그리 잘 알려지지는 않은 인물이었다. 그러나 무예만큼은 뛰어난 장수였다. 과연 염장이 귀신같이 이 일을 해치울 수 있을까. 그의 실력이라면 가능한 일이지만 그 방법이 문제였다. 어떤 방법으로 쥐도 새도 모르게 김명을 죽인단 말인가.

"나리, 찾아계시옵니까? 염장이옵니다."

"저쪽의 움직임은 어떠하더냐?"

"군사들의 움직임이 어느 때보다도 빠릅니다. 또한 늦도록 이홍, 배훤백 등과 모의를 한다 하옵니다."

예상대로 움직이고 있었다. 빈틈없이 삼엄한 경비를 세운 채, 자신들을 제거하기 위한 모의에 열중인 것이었다. 김양은 바늘방석에 앉은 듯 초조했다. 돌이켜 보면 자신이 이 정계에서 살아남을 수 있었던 것도 기적이었다. 김양은 김주원의 증손자였다. 그의 할아버지와 형제 항렬이었던 김헌창이 반란을 일으켰다가 무참히 살해되었고, 집안은 거의 쑥대밭이 되었으나, 다행히 김양의 집안만은 피해를 보지 않았다. 그러나 서라벌에서는 먼 지방으로 떠돌며 그 피비린내 속에서 살아남은 김양이었다. 늘 그렇듯 이번도 바늘방석에 앉은 기분이었다. 분명 김명이 제풀에 쓰러져 비명횡사를 하기 전에는 제 손으로 명을 끊어야 할 터인데, 이미 김명은 그런 기미를 알아차린 것인지도 모를 일이었다.

"특이한 점이 있다면 그 즉시 나에게 알려야 하느니라."

"그리할 것입니다. 나리."

염장에게서 다시 보고가 들어 온 것은 채 하루가 지나지 않아서였다.

"나리, 김명 일가가 오는 칠 일 김충공의 기일을 맞아 절에 들린다 하더이다. 해마다 있는 일이니, 이번이 가장 좋은 기회인 듯 싶사옵니다."

"음. 이번이 유일무이한 기회이다. 이번 일이 얼마나 중요한가는 익히 들어 알 것이다. 만에 하나 잘못되는 날이면, 나나 너나 모두 목을 내놓아야 할 것이다. 알겠느냐?"

"반드시 쥐도 새도 모르게 처리할 것이옵니다. 염려 놓으소서."

김양은 이 일을 우징과 다시 상의했다. 그다지 미덥지 못하다는 우징의 낯빛을 읽은 김양은 거듭 일의 계획에 대해 확실함을 강조했다.

"만일 일이 잘못되는 날에는 어찌 되는 줄 아는가?"

"대비를 해 놓았나이다. 만일 그 자들이 일을 성공하지 못하는 경우에는 그들 모두 다시는 입을 열 수 없도록 또 다른 자들을 뒤에 붙여 둘 것입니다. 행여 잘못되는 경우 염장과 그의 부하는 죽음을 면치 못할 것이나이다."

"죽는다 하더라도 그가 누구인지는 곧 밝혀질 것이 아닌가?"

"염장은 이제껏 그 누구의 눈에도 띄지 않았던 인물이나이다. 제가 무주에서 은밀하게 데리고 있던 수하이옵니다."

"확신할 수 있단 말인가?"

"나리, 생사를 건 싸움이 아니옵니까? 제 어찌 허술하게 일을 도모하겠나이까. 믿어 주시옵소서."

김양은 은밀하게 염장을 다시 불러 들였다.

김충공의 무덤은 남산 기슭에 있는 인용사라는 절의 뒤편에 있었다. 그곳은 산이 깊고 으슥하여 낮에도 사람이 잘 다니지 않았다. 김양은 김명이 인용사에서 오는 길에 쥐도 새도 모르게 일을 처리해야 한다고 생각한 것이었다.

"나리, 찾아 계시오니까?"

명령이 떨어진 지 얼마 되지 않아 허겁지겁 달려온 염장이 김양 앞

에 무릎을 꿇었다.

"염장, 내가 너에게 부탁할 것이 있느니라."

"명령만 내려 주시옵소서. 나리."

김양은 한동안 물끄러미 염장을 바라보고 있다가 품속에 있던 단검을 내어 놓았다. 염장도 이미 그것이 무엇을 의미하는지를 알고 있었다. 바로 김명에 대한 죽음을 암시하는 것이었다.

"이 일은 아주 중요한 일이니라."

"무엇이든 나리를 위한 일이라면 당연히 할 수 있사옵니다. 명령만 내리십시오."

"설령 일이 실패로 끝난다 하더라도 이 일에 대해 발설해서는 아니 된다는 것은 잘 알고 있으렷다."

김양의 단호한 목소리였다. 염장 또한 입술을 굳게 깨물고 있었다.

며칠 뒤 장안에는 김명이 암살당했다는 소문이 파다하게 퍼져 나갔다. 어떤 자는 인용사로 향하던 마차에 갑자기 자객이 나타나 김명을 살해하였는데, 그것이 김명인지, 아니면 다른 사람인지에 대해서는 불분명한 소문이었다. 이런 소문으로 민심은 더욱더 흉흉해져 갔다.

봄 가뭄은 계속되었다. 초겨울인 11월에 꽃들이 피어 사람들을 놀라게 하더니, 이듬해 봄에는 가뭄이 극심하고 전염병까지 나돌기 시작하였다. 거리는 온통 굶어 죽는 사람들과 병에 걸린 사람들 천지였다.

"더 이상 왕위를 비워 둘 수는 없잖소. 다음 왕위 계승자는 상대등이신 김균정이 어떻소이까? 당연한 계승 서열이 아니옵니까? 민심이 뒤숭숭합니다. 나라의 안정을 위해서라도 새 왕이 필요한 시점이외다."

김양은 민심의 안정을 수습하기 위해서라도 더이상은 옥좌를 비워둘 수 없다고 주장했다. 나라의 중대사를 결정하는 화백 회의에서 김균정을 왕으로 추대하겠다는 뜻이었다. 화백 회의는 한 사람이라도 반대를 하면 결정을 내릴 수 없는 만장일치 제도였다. 김양이 김명을 눈엣가시처럼 여긴 것은 바로 이 화백 회의 때문이었다. 만약 이 회의에서 김명이 김양의 의견에 반대한다면, 원하는 것을 이룰 수가 없기 때문이었다.

"준비는 잘 되었나?"

김양이 회의장 주변을 한 바퀴 빙 돌며 물었다. 그의 부하들은 회의장 주변을 돌며 정리하고 있었다.

"모든 준비가 끝났습니다. 이제 대신들이 들어오기만 하면 됩니다."

김양은 고개를 끄덕였다.

회의가 열리기 직전이었다. 무장을 한 군사들이 회의장으로 들어서자 잔뜩 겁에 질린 신하들은 눈치를 살피기 시작했다. 김양의 눈빛은 살의가 가득했다. 누구든지 반대를 한다면 가만두지 않을 태세였다. 날카로운 칼이 번뜩이는 회의장에서 신하들은 아무 말도 할 수가 없었다. 이날 결국 만장일치로 상대등 김균정이 왕으로 추대되었다.

김양은 김균정의 아들 아찬 우징과 김균정의 매서 예징과 함께 균정을 왕으로 삼고 적판궁으로 들어섰다. 그리고 그 족병으로 주위를 단단히 지키게 하였는데, 죽은 줄로만 알았던 김명이 이홍과 그 무리들을 데리고 나타난 것이 아닌가.

"새 임금이 여기 계시는데 너희들은 어찌 감히 이와 같이 흉악한 역적질을 하는 것이냐? 어서 나와 목을 내놓지 못할까."

김명은 소리치며 궁궐로 쳐들어왔다.

"어찌 저놈이 살아 있더란 말이더냐."

김양은 설마 하던 일이 자신의 눈앞에 펼쳐지자 당황하여 어찌할 바를 몰랐다. 그러자 김명은 웃으며 다시 호령하였다.

"너희들의 간교함이 그와 같지 않았더냐, 내 너희들의 속셈을 훤히 알고, 이때를 기다리고 있었느니라. 어서 나와 칼을 받지 못하겠느냐!"

이에 김양은 활을 쏘아 십여 명을 쓰러뜨렸다.

"제깟 놈이 무슨 힘으로 들어오겠다는 것이냐."

그러나 김양은 이러한 사태 파악이 조금 지나지 않아 잘못된 것임을 알아차렸다. 이미 김명의 군사들은 성문을 포위하고 있었다. 김양은 칼을 빼어 들고 밀려드는 군사들을 닥치는 대로 베었다. 그러나 대기하고 있던 궁수들에 의해 김양의 군사들은 여기저기 맥없이 쓰러지고, 김양 또한 배훤백의 화살에 다리를 맞고 말았다.

"나리, 괜찮으십니까!"

염장이 피를 흘리며 쓰러진 김양에게로 달려왔다. 김양은 다리에 화살이 박혀 피를 흘리고 있었다. 염장은 그 화살을 빼내고 입으로 화살의 독을 빨아내었다.

"나리, 어서 이 자리를 피하셔야 합니다."

김양은 염장의 등에 업혀 가까스로 죽음의 문턱을 벗어났다.

"나보다도 어서 대왕 마마를……. 대왕 마마를 모셔야 하느니라."

염장은 김양을 업고 궁궐 안으로 달려갔다. 그러나 궁궐 안도 이미 김명의 군사들에 의해 돌이킬 수 없는 상황이었다. 여기저기서 흘러나오는 비명 소리와 군사들의 시신이 널브러져 있었었다. 김양은 고통스러움 속에서 눈물을 흘렸다. 옥좌에 균정을 왕으로 앉힌 지 얼마나 되었다고 이런 일이 생긴단 말인가. 그 눈물은 분노의 눈물이었다.

"대왕 마마를 구해야 한다."

"걱정 마십시오. 나리."

그러나 이미 균정은 사태를 정확하게 파악하고 있었다.

"저들은 무리가 많고 우리는 적으므로 그 형세가 저들을 막지 못하겠구나. 어서 여기에서 피해 훗날을 도모해야 하느니라."

"아니 되옵니다. 대왕 마마."

김양은 가물거리는 의식에 거의 죽어가는 목소리였다.

"피하려 해도 이미 늦었다. 또한 이제 내게도 이 피비린내가 역겹구나. 어서 내 말에 따르거라."

김균정은 체념하고 있었다. 이미 자신의 죽음이 임박했음을 알아챈 것이었다. 김양은 염장의 도움으로 가까스로 죽음에서 벗어났지만, 균정은 끝내 김명의 군사들에게 죽음을 당하고 말았다. 이 사실을 뒤늦게 알아차린 김양은 하늘을 우러러 통곡하며 해를 두고 맹세를 하였다.

"내 반드시 이 원한을 갚고야 말 것이니라. 반드시."

김양은 천천히 눈을 떴다.

좁은 방의 낮은 천장이 눈에 들어왔다. 김양의 눈가에 눈물이 글썽였다.

"나리, 정신이 좀 드시옵니까?"

염장의 초조한 목소리가 들려왔다. 김양은 고개를 돌려 소리 나는 쪽을 돌아보았다. 염장은 여러 날 뜬눈으로 밤을 새운 듯 초췌했다.

"여기가 어디냐?"

"조그만 암자이옵니다. 가까스로 도망쳐 나왔습니다."

"대왕 마마는?"

김양의 말에 염장은 고개를 돌렸다. 김양은 답답하다는 듯 염장의 팔을 흔들었다.

"대왕 마마는 어찌 되셨느냐?"

"적군의 칼에 돌아가셨습니다."

염장은 힘없는 목소리로 말끝을 흐렸다.

"나리께서는 한 달이 넘게 정신을 차리지 못하고 계셨습니다. 그동안 많은 일이 있었습니다. 대왕 마마께서 적군의 칼에 시해당하고, 천하가 김명의 것으로 바뀌었습니다."

김양은 낮은 신음소리를 흘렸다. 신음소리는 점점 더 커져 울음소리로 바뀌었다.

"반드시, 내 반드시 복수를 하고 말 것이다. 이 원수를 갚기 전에는 절대 눈을 감을 수가 없다."

그 후 김양은 산속에 숨어 긴박하게 돌아가는 정세를 날카롭게 주시하고 있었다. 김명이 지금은 허수아비처럼 희강왕을 내세워 대신 정치를 하고 있지만, 언젠가는 반드시 희강왕을 죽이고 신라의 왕이 될 것이라는 것은 삼척동자도 알 일이었다.

희강왕 3년 정월, 838년.

김명을 비롯한 이홍, 배훤백 등은 군사를 일으켰다. 김명이 군사를 일으켰다는 소식을 들은 희강왕은 스스로 대들보에 목을 매어 목숨을 끊었다. 제 혈육을 해치면서 얻은 왕위 때문에 이제는 자신이 죽어야 한다는 것, 이것이 자신의 비극적인 운명이라는 것을 그는 이미 알고 있었다. 이제 김명은 스스로 옥좌에 올라 신라 제44대 민애왕이 되었다.

이 소식을 전해들은 김양은 옅은 미소를 띠었다. 이제는 때가 된 것이다.

"이제는 가야 할 때인 것 같사옵니다. 그동안 신세가 너무 많았습니다."

"어디로 가시렵니까?"

그동안 밖의 소식을 일러 주던 스님에게 합장을 하면서 김양은 빙그레 웃어 보였다. 그러나 스님은 그의 눈 속에 가득 서린 독기를 보고 있었다. 또 한 번의 피비린내가 천하를 진동할 것이었다. 스님은 조용히 합장하고는 자리를 피했다. 앞으로도 쉽게 가라앉지 않을 정국인 것은 불 보듯 뻔한 일이었다.

"나리, 어디로 가시렵니까?"

염장이 그의 뒤를 따라 나섰다.

"청해진이다. 그곳에서부터다. 김우징 나리가 그곳에 계신다지 않았더냐? 너는 이 길로 무주로 가거라."

"무주로 말이옵니까? 제가 나리를 모셔야지 않겠나이까?"

뜻밖의 말이었다. 하지만 이미 김양은 자신의 세력이 남아 있는 무주 지역에서 소문 없이 병력을 모아왔던 것이다. 뒷날을 도모하라는 김균정의 마지막 목소리가 되살아 날 때마다 김양은 자신의 세력을 모아야 하는 것이 우선임을 깨달았던 것이었다.

"너는 그곳에서 이미 내 명을 기다리고 있는 자들을 만나, 청해진으로 와야 할 것이다. 이미 장 대사라면 내 지난 시절 서로 무관한 처지는 아니지 않았더냐. 더욱이 김우징 나리가 계신 곳이니. 그곳에서 다시 시작해야 하지 않겠느냐."

김양은 오래전부터 장보고가 나중 자신들에게 큰 힘이 될 것임을 직감하고 있었다. 김우징의 부정적인 생각에도 무주도독이었던 김양은 그와의 관계를 뒷날을 위해 가져야 한다고 했던 일이 생각났다. 김양의 미래 또한 김우징과 더불어 존재하는 것이었다. 또한 장보고의 그 세력도 무관하지는 않았다.

"도대체 내가 왜 이리 되었단 말이냐. 김양은 또 어디로 사라진 게야?"

김우징은 자신의 처지가 한심스러웠다. 사형수 이외에 모든 죄수를 사면하였을 때, 가까스로 목숨은 구했으나, 우징은 그 이후 부친인 균정의 죽음에 대해 원망하는 말을 했다. 그리고 혹시나 그것으로 인하여 자신에게 화가 미칠까 몰래 서라벌을 빠져 나온 것이었다.

일단 황산진구로 피신한 우징은 이 모든 것이 김양의 탓인 것만 같았다. 하지만 이제 와서 그것은 아무 소용없는 일이었다. 어디로 사라졌는지, 아니면 어디에선가 죽음을 면치 못했는지 모를 일이었다. 죽었으리라 싶었다. 다리에 화살을 맞고 거의 죽어가더란 말만 들었을 뿐이었으나, 이후 아무런 소식도 없던 터였다.

황산진구 또한 안전한 곳은 아니었다.

"청해진으로 갈 것이다. 거기가 아니라면 이 신라에서 어디로 달아난다 말인가?"

김우징은 장보고를 떠올렸다. 그도 알 것이다. 흥덕 대왕께 아버지 균정의 도움으로 청해진을 설치하게 된 것을, 모를 리가 있겠는가. 아니, 이제 그가 그것을 알든 모르든 피할 곳은 그곳 뿐이었다. 아버지 일 이라면 그것은 곧 자신의 일이었다. 그렇다면 자신이 지난날 장보고가 청해진 대사가 되는 것에 일조를 한 것은 분명한 사실이었다. 스스로를 위안하며 찾아 갈 길인 것이다.

청해진이라면 이제 신라에서도 섣불리 건드릴 수 없는 치외법권의 공간임을 그는 잘 알고 있었다. 그는 청해진으로 향했다. 신라 어디에도 그만한 도피처는 없었다. 또한 훗날 장보고와의 인연이 있을 것이라던 김양의 말도 떠오른 터였다. 그도 그럴 것이 장보고의 등 뒤에는 당나라가 버티고 있었다. 아무리 자치권을 행사할 수 있는 권역이라 하더라도 장보고의 세력이 독불장군으로 존재할 수 없는 것이었다. 그 외교적 와중에 청해진 대사 장보고는 큰 위력을 발휘하는 인물임에는 틀림없었다.

몇 년 전, 흥덕왕의 사치품 금지에 따라 장보고가 이끌던 선단에 찬바람이 불었던 것도 사실이었다. 때문에 장보고에게도 지금 시점에서는 정치적 권력이 필요한 시점이리라 우징은 나름대로 파악하고 있었다.

"대사, 내 대사에게 의지하고자 온 길이오. 세상이 너무 시끄러워 잠시 그 혼탁함을 이 청해의 이름처럼 깨끗이 씻고자 온 길이오."

"잘 오시었소이다. 세상이 시끄럽다는 소식은 이미 듣고 있던 바였나이다. 아무 걱정 없이 지내시도록 최선을 다해 모시겠나이다."

"대사, 이 은혜 잊지 않으리다. 언젠가는 반드시 이 은혜를 갚으리다."

우징은 장보고의 손을 맞잡았다.

"제가 청해진을 설치할 수 있었던 것이 다 시중 나리의 도움이었다는 것을 어찌 잊었겠나이까? 아무 염려 마옵소서."

우징은 장보고를 눈물 어린 눈으로 바라보았다. 하늘이 자신을 버리지 않았음이었다. 순간 부친의 말이 머리를 스쳐 지났다.

'저 자는 깊은 마음을 가지고 있구나. 그것을 날카로운 눈 속에 담아서 말이다. 협곡을 지나는 요란한 물도 깊은 못에서는 조용하게 멈춘 듯이 흘러가게 마련이다. 산천초목도 그러하지 않더냐. 깊은 마음을 지닌 인물이다.'

"내 이리로 온 것을 벌써 저들은 다 알고 있을 것이오."

"걱정 마옵소서. 이곳은 워낙 밖의 일과는 무관한 곳이 아니오니까? 이곳은 오직 해로를 통해 바다 밖의 나라들과 교역에 전념하는 곳이옵니다."

그러나 장보고는 굳은 의지를 내보이고 있었다.

서라벌에서 쫓겨 온 김우징을 청해진에 의지하도록 한 것으로 이미 조정과의 불씨를 감수해야만 하는 일이었다. 아니 그 신라의 군사들이 이곳으로 창과 칼을 들이대는 일이 생길 수도 있는 일이었다. 장보고는 그러한 일들을 각오하고 있었다. 어차피 이 조정에서는 끊임없이 왕위를 놓고 연일 피를 흘리고 있을 뿐이며, 백성들은 전쟁 아닌 전쟁의 틈바구니에서 연일 신음을 쏟아 내며 죽어 가고 있는 것이었다. 썩어 버린 조정이었다. 또한 조정의 불안으로 해상 무역 또한 큰 차질을 빚고 있는 것도 사실이었다.

장보고는 진중의 회의를 소집하였다.

"더욱 경계를 강화하고, 정보 수집에도 만전을 기해야 한다. 지금은 청해진으로서 생사가 달린 문제이다. 방심하거나 나태한 자들은 결코 용서해서는 안 된다."

예징과 양순 등도 김우징이 청해진으로 피했다는 것을 알고는 찾아들었다. 그렇지 않아도 늘 좌불안석이었던 김우징은 그들의 합세에 천군만마를 얻은 듯 싶었다. 이제 다시 때를 기다리는 일만 남은 것이었다. 또한 장보고는 연일 군사들의 훈련과 경계에 대해서도 강화를 하고 있던 차였다.

"내 생각했던 것보다 훨씬 더 청해진은 대단하구나. 이 많은 군사들을 운용하고 있는 경제적 기반도 기반이려니와 그 군사들의 사기 또한 어떠한 군대보다도 월등하단 말이다. 부러운 일이다."

"나리에 대한 장 대사의 의로운 마음도 월등하지 않습니까? 이제 때가 올 것이옵니다. 그때 나리의 정예의 군사가 아니겠사옵니까?"

"그리만 되어 준다면, 무슨 걱정이 있겠는가."

"어찌되든 역적 김명의 무리는 왕위를 찬탈할 것이옵니다. 그것을 위해 피를 본 자들 이온데, 분명 머지않아 그 본색을 드러낼 것이옵니다."

김명이 희강왕을 위협하여 자살하게 한 후 민애왕으로 즉위했다는 소식이 날아든 것과 거의 때를 같이 하여 김양이 청해진으로 찾아들었다.

"나리, 저 김양이옵니다. 저의 불찰로 인하여 큰 죄를 지은 몸이옵니다. 저를 벌하여 주시옵소서."

김양은 눈물을 흘리며 김우징 앞에 무릎을 꿇었다. 죽은 줄로만 알았던 김양이 다시 군사들을 모집하여 청해진으로 돌아오자 김우징으로서는 천우신조나 다름없었다.

"그 무슨 말이오. 다 천운이 따르지 않았을 뿐이었소. 자, 이제 다시 이렇게 모였으니 되지 않았소. 나로서는 더할 수 없는 큰 힘이외다."

염장이 이끈 군사들도 청해진에 도착했다.

"어찌 김명이 왕위를 찬탈한 것은 그냥 두고만 보실 것이옵니까?"

그 말을 들은 우징은 온몸을 부르르 떨며 소리쳤다.

"내 그들의 무리를 결단코 용서하지 않을 것이오. 그놈들을 절대 살려두지 않을 것이다."

"나리, 이제는 더 지체할 수가 없사옵니다. 저 간악한 무리들을 한꺼번에 쓸어 내야만 나라가 바로 설 것입니다. 나리, 결딴을 내려 주소서."

"김명은 빼앗은 왕좌에 앉았다지만 그를 어찌 신라의 임금으로 대할 수가 있단 말이오. 그를 마땅히 베고 또 베어 사직을 바로 세우는 것이 지금 내가 해야 할 일이 아니겠는가."

"그러하옵니다."

김양의 생각은 우징과 같았다. 이미 우징의 그러한 속내를 전부터 읽어 왔던 김양이었다.

이제 장보고의 군사를 활용하는 일만 남은 것이다. 그것은 우징의 몫이었다. 김양은 지금 그에게 때가 되었음을 알리고, 장보고의 군사를 빨리 얻어야 함을 일러 주고 있는 것이었다.

"내가 대사께 청을 해 보겠소. 장 대사가 승낙만 한다면……."

"호랑이에 날개를 단 격이 아니겠습니까. 그리 될 것이옵니다. 한시라도 늦출 수는 없는 일이옵니다. 나리 제가 생각해 두었던 것이 있사옵니다."

김양은 조심스럽게 김우징 가까이 다가앉았다.

"장 대사에게는 그 아끼는 딸이 있나이다. 그 장보고의 딸을 거사 후에 왕세자비로 맞이하겠다고 말씀해 보시옵소서."

김양의 말에 우징은 소스라치게 놀랐다. 미천한 출신의 장보고의 딸을 그것도 왕세자비로 맞이한다니. 그것은 말도 되지 않는 소리였다. 우징의 마음 뿐 아니라, 신라의 법도가 또한 그것을 허락할 수 없는 일이었다.

"아니 지금 그것이 말이 된다고 생각하는 것인가? 어찌 신분의 차이가 엄격하거늘, 그 같은 일을 할 수 있단 말이던가?"

파격적인 김양의 제안에 김우징은 얼굴빛이 변해 있었다.

"나리, 지금은 무엇보다도 장보고의 마음을 움직이는 것이 중요하나이다. 차후의 문제는 그때 가서도 충분히 바로잡을 수가 있는 것이옵니다. 지금 저희에게 중요한 것은 저 김명의 무리를 쓸어버릴 그 세력이지 않사옵니까?"

"음……. 알겠네."

"어차피 왕세자비의 간택은 법도에 따라야 되는 일이옵니다. 그것은 그때의 일이오나 지금은 장보고가 아니면 아니 되옵니다. 하오니 장보고와의 굳은 언약도 반드시 필요한 일이지 않겠나이까?"

김우징으로서도 더 이상 할 말이 없었다. 김양의 말은 옳았다. 김명의 세력을 멸하기 위해서 장보고의 세력에 의지하지 않고는 결코 될 수 없었다. 지금 김양의 제안은 거사를 통해 앞으로의 생사 또한 함께 할 것을 말하고 있는 것이었다. 장보고라면 충분히 그럴만한 인물이었다. 그의 세력을 등 뒤에 두고 있다면 서라벌의 그 어떤 세력도 경거망동은 하지 않을 것이었다. 이것은 거사를 위한 단지 계략으로써만 받아들일 문제는 아니었다.

"내 그리 할 것이네. 법도에 따라서 말일세."

우징은 장보고와 마주앉았다.

"대사, 김명이 왕을 죽이고 스스로 즉위하였다는 말을 들어 보셨소?"

아직도 우징의 목소리는 깊은 곳에서부터 떨리고 있었다. 김명의 이름만 들어도 아직 그 분노가 가시지 않았기 때문이었다. 장보고는 그런 우징의 낯빛을 예리하게 살피고 있었다. 이제 이들의 싸움을 강 건너 불 보듯 할 수만은 없다는 것을 직감한 눈빛이었다.

"이미 들어서 알고 있소이다."

장보고는 말을 아끼고 있었다.

"신하로써 어찌 그런 짓을 한단 말이오. 장 대사, 나는 그들과 같은 하늘 아래서 그 하늘을 볼 수 없소이다. 원컨대 장군의 큰 도움을 얻고자함은 그들을 모조리 척살하고 이 나라를 바른 길로 이끌기 위함이외다. 장군의 도움이 없이는 불가한 일이 아니겠소이까."

김우징의 눈은 그 복수심으로 불타고 있었으며 또 한편으로는 간절함이 깃들어 있었다. 장보고의 힘이 아니라면 할 수 없는 일이었다. 김양의 그 보잘것없는 군사만으로는 단 하루도 버티지 못할 것이었다.

"으음……."

장보고는 한동안 생각에 잠겨 있었다. 나라의 안정은 반드시 이루어져야 했다. 그 정치적인 안정을 바탕으로 무역이 큰 힘을 발휘한다면, 신라는 다시 태어날 수 있을 것이었다. 장보고의 어깨는 무거웠다.

"내 저들 역적의 무리를 쓸어 내고 사직을 바로 세울 수만 있다면……. 내 장차 왕이 된다면 장 대사의 딸을 왕세자비로 삼을 것이외다."

"왕세자비라니요?"

장보고는 눈이 휘둥그레질 정도로 놀랐다.

딸 의영을 왕세자비로 삼는다니. 도저히 믿을 수 없는 말이었다. 신분으로 치자면 하늘과 땅의 차이였다. 더욱이 혼사에 있어서 어찌 진골 귀족과 지방의 미천한 자들의 혼사가 가능할 수 있단 말인가. 그러나 장보고는 제 귀를 의심하고 있는 것이었다. 뼛속 깊이 맺힌 한이기도 한 것이었다. 그렇게만 될 수 있다면, 이제껏 겪어 왔던 미천한 출신으로서의 한계를 극복하는 것이었다. 그 출신을 가지고는 더는 어쩔 수가 없는 것이 이제껏 장보고의 가슴에 멍울처럼 남아 있던 것이 아니었는가. 사사로운 욕심에 이끌려 일을 처리한 적이 없는 장보고였지만 이번만은 가슴 속에서 불길이 타오르는 것 같았다.

"당치않은 일이옵니다. 소신이 청해진의 대사직을 맡고는 있사오나, 그 출신을 모르는 사람들이 없을 것이옵니다. 어찌 왕세자비로 저의 여식을 취할 수 있단 말이옵니까? 가당치 않은 말씀이옵니다."

"우리가 힘을 합하여 나라를 바로 세우는 일이올시다. 그 공은 그 무엇과도 견줄 수가 없는 일일 것이오. 나만 믿으시오. 내 또한 불가능한 것을 반드시 하기 위해 장 대사의 도움을 청하는 것 아니겠소이까? 장 대사."

한동안 장보고는 아무 말이 없었다.

장보고의 딸 의영에 관한 문제는 차후로 미루더라도, 우징의 거사가 성공한다면, 그 또한 당의 인정을 받아야만 할 것이었다. 거기에서도 장보고는 큰 힘을 발휘할 수 있는 위치에 있었다. 다만 자신의 혈육 같은 군사들을 전장에 내보내는 일이었다. 명분이 없는 싸움이라면, 그들의 희생은 너무나 가혹한 일이지 않는가. 그러나 명분은 충분했다. 아니 자신의 군대가 아니면 이 일을 매듭지을 사람은 없었다. 오랜 침묵 끝에 장보고는 결심한 듯 우징에게 말했다.

"옛 사람의 말에, 의를 보고 실행하지 않는 것은 용맹이 아니라 했습니다. 내 비록 용렬하지만 오직 명을 따르겠나이다."

우징은 눈물을 흘리며 장보고의 손을 맞잡았다.

지난 세월이 한순간에 스쳐 지났다. 부친의 처참한 죽음에서부터 서라벌에서 도망치던 지난날의 자신의 모습이 그 눈물 속에 담겨 있었다.

"고맙소. 장군. 내 장 장군의 뜻을 잊지 않으리다. 장군이 아니라면 어찌 사직을 구할 수 있단 말이오. 장차 내 장군과 더불어 큰 뜻을 펼칠 것이외다."

6. 사직을 구하려는 큰 뜻

대당매물사 최훈 병마사는 적산포 법화원에 있었다.

양주에서 물품들을 싣고 적산포 법화원에 들렀다가 다시 신라로 향하는 교관선 두 척을 이끌고 있었다. 최훈 병마사 일행이 법화원에 이르렀을 때는 밤이었다. 초겨울의 문턱이었던 터라 법화원에서는 겨울 강경법회가 열리고 있었다. 이십여 명의 스님과 법회에 참석한 재당신라인들도 사십여 명이었다. 신도들이 많을 때는 이백 명이 가까웠다. 낮에는 강주(講主)가 경전을 강의하고 논의자가 질의를 통해 강의 내용을 토론하였으며, 밤이면 예불 참회와 독경을 하고 있었다.

"누군가가 병마사 나리를 찾고 계십니다. 행색으로 보아 이곳에 다니던 신라인은 아닌 듯하온데."

늦은 밤이었다. 최훈은 스님의 말을 듣고는 의아한 듯 되물었다.

"법회에 참석차 온 신도이겠지요. 이 늦은 밤에 저를 찾다니요?"

"병마사 나리를 찾았습니다. 신라인 같은 데 초췌하기가 이를 데 없는 사람입니다. 하지만 나리를 찾는 말투는 예사롭지 않게 정중했습니다."

"허어, 그 누굴꼬? 그럼 이리로 보내 주시지요."

그의 앞에 나타난 사람의 행색은 좀 전 스님이 일러 준 대로 거지꼴이나 다름없었다. 최훈에게도 낯선 인물이었다. 그러나 눈빛만은 날카로웠고, 당당한 체구에서는 한눈에도 범상치 않은 인물이라는 것을 느낄 수가 있었다.

"누구시온데, 저를 찾으십니까?"

"저는 정년이라 하옵니다. 장보고 장군과는 각별한 사이올시다."

아, 최훈은 장보고로부터 정년이란 장수에 대해 익히 들었었다. 그러나 듣던 바와는 사뭇 다른 행색이라 믿겨지지가 않았다. 최훈은 대답 대신 그의 얼굴을 찬찬히 들여다보고 있었다.

"내 행색이 말이 아닌 줄은 압니다만, 내 장보고 형님을 만나고자 하여 이곳을 찾았나이다. 벌써 여러 차례 왔었으나, 때마다 병마사가 떠난 뒤였지요."

"허면 그 무령군에서 대사와 함께 계셨다던 정년 장군이시란 말이옵니까?"

"그러하외다. 내가 바로 정년이올시다."

그래도 믿겨지지가 않았다. 하지만 장보고는 늘 이 정년을 그리워하지 않았던가. 최훈은 다시 정중하게 정년과 수인사를 나누었다. 정년은 마치 장보고라도 만난 듯 눈가에 눈물이 맺혀 있었다. 그간의 고생이 온몸에 배어 있었다. 그러나 정년은 쉽사리 자신에 대해서는 입을 열려 하지 않았다.

"하오시면……. 대사께서는 지금 청해진에 계시옵니다."

"내 형님께 가고자 합니다. 그리 해 줄 수 있소이까?"

"여부가 있겠사옵니까. 대사께서도 늘 장군에 대한 말씀을 하시면서 그리워하고 계시옵니다. 아마 가시면 참으로 기뻐하실 것입니다. 장군."

정년은 먼 눈길로 장보고의 모습을 떠올리고 있었다.

'언제든 반드시 만날 것이다. 반드시.'

또다시 눈가가 젖어 왔다.

"그때 함께 해야 할 일이 있다는 것도 뿌리치고 나만 살고자 했던 것이외다. 그것이 내내 부끄러워 형님을 찾기가 어려웠던 것이지요. 그러나 이제 그런 마음도 다 사라지고 없습니다. 그저 형님이 계신 고향으로 돌아가 죽고 싶을 뿐이오."

최훈은 고개를 끄덕거렸다. 그때 장보고와 함께 했다면 지금과 같은 처지는 아니었을 것이라고 뼈저리게 뉘우치고 있는 정년이었다. 장보고는 누구보다도 장수를 아끼는 사람이었다. 더욱이 정년은 자신의 친형제나 다름없다며 늘 안타까워하지 않았던가. 그 형에 그 아우인 것이었다.

"하오시면, 무령군에서 계속 계셨던 것이 아니옵니까?"

"결국 왕 장군에게 버림받은 몸이 되고 말았지 뭡니까? 그때 형님의 말씀이 옳았어요. 사냥이 끝났으니, 우리는 돌아가 할 일을 하자던 말이 딱 맞았어요. 그간의 일들을 어찌 말로 다할 수 있겠소이까. 이제 내 목숨은 형님께 내맡길 작정이오. 평온하시겠지요?"

이제야 정년은 장보고의 소식을 물었다.

"이미 소식을 듣고 계셨겠지요. 얼마 전에 김우징 나리가 청해진으로 피해 있습니다. 신라 조정이 흔들리고 있는 상황이라. 대사께서도 생각이 많아지신 듯하십니다."

"평온하셔야 하실 터인데."

"이제 장군께서 가신다면 그 무엇보다도 큰 힘이 되실 것이옵니다. 염려 놓으십시오."

늦도록 최훈은 정년과 이야기를 나누었다.

정년이 돌아온다는 소식에 누구보다도 기뻐한 것은 장보고였다.

"무엇이라고? 아우가, 아니 아우가 온다는 말이더냐?"

"그 행색이 너무 초라하여 병마사도 정년 장군이라는 것을 믿지 않았나이다."

그 말에 장보고는 가슴이 쓰라렸다. 이제라도 자신을 찾아 준 것만으로도 다행이었다. 수하의 그런 말을 들은 장보고는 어서 교관선이 닿기만을 학수고대하고 있었다. 저만치 교관선의 깃발이 보이기 시작했다.

'그간 어떤 고생을 했기에, 초라하다는 말이 먼저 나에게 온단 말이더냐.'

우겨서라도 함께 무령군에서 나왔어야 했다. 그것이 못내 가슴에 남아 있던 것이었으나, 단호하게 거절하던 정년의 얼굴을 지우려야 지울 수가 없었다. 정년의 소식조차 묻지 않았던 자신의 탓도 있으리라 싶었다. 그저 바다를 볼 때마다, 어디에선가 정년의 목소리가 들리는 듯만 싶었다. 벌써 십 년이지 않은가. 십 년.

교관선이 항구에 닿았다. 장보고는 항구에서 교관선에서 내리는 사람들 속에서 정년을 찾았다. 저만큼 낯익은 얼굴이 다가오고 있었다. 그동안 많은 세월이 흐른 탓도, 또 그만큼 고생한 탓도 있는 듯 얼굴은 많이 늙어가고 있었다. 장보고는 말없이 정년을 끌어안았다.

"이제야 오는구나, 아우야. 이제야 말이다."

"송구하옵니다. 형님을 뵐 면목이 없습니다. 형님."

"아니다. 내가 무심했구나. 어서 들어가자. 어서. 뭣들 하느냐. 정년 장군이시다. 어서 안으로 뫼시어라."

정년과 마주앉은 장보고는 애처로움과 기쁨이 함께하는 표정이었으

나, 아무 말이 없었다. 그동안의 일에 대해서는 둘 다 이야기를 꺼내지 않았다. 굳이 장보고도 그에게 묻고 싶지 않았다. 이제 돌아왔으니, 이제 그와는 다시 헤어지지 않을 것이었다. 이렇게 고향 산천에서 어렸을 적 친형제나 다름없는 정년과 함께 있다는 것만으로도 행복한 일이었다. 그러나 한편에서는 김우징의 부탁을 수락한 상태였다. 장보고는 그 문제를 먼저 꺼내었다.

"내가 장수로써 가장 믿을 만하다면 아우가 아니겠는가. 내 상의할 일이 있다."

"무엇이옵니까, 대사."

"허허, 대사라니?"

"여기는 진중이옵니다. 아우를 용서하신다면 앞으로는 대사로 모실 것이니 허락하옵소서."

장보고는 정년의 뜻을 받아 들였다.

"신라 서라벌에는 지금 역적의 무리들이 왕을 시해하고 궁을 장악하고 있다. 여기에는 그 왕위를 이을 김우징 나리가 피해 계신다. 이제 그 무리들을 멸하려 하는데, 아우가 내 뜻을 받아 줄 수 있겠느냐?"

"어떤 일이라도 제가 할 수 있는 일이라면 제 목을 걸고서라도 행할 것이외다. 언제든 명령만 내리신다면 그에 따를 것이니 아무 염려치 마십시오."

"이제까지는 조정의 무리들과는 관계치 않았으나, 이제는 어쩔 수 없는 일이다. 돌아오자마자 아우에게 전장이라니……."

"어디 전장이 따로 있었나이까? 내가 있던 곳은 다 전장이었소이다."

장보고와 정년은 밤이 깊도록 술을 마시며 지난날을 돌아보았다. 그러나 다시 전쟁에 내보내야 하는 정년을 바라보는 장보고의 얼굴은 어딘지 모르게 그늘이 깔려 있었다.

혜성이 서방에 나타나고 망각성이 동방으로 향하니 모든 사람들이 말하였다.

"이는 낡은 것을 제거하고 새 것을 시행하려는 징조로 옛 원한을 갚고 먼저 수치를 씻어 버릴 때가 오는 것이다."

한 달 뒤, 마침내 5천 명의 대군이 싸움터로 떠났다. 5천 명의 대군은 동쪽으로 나선다하여 '평동군'이라는 이름을 내걸었다. 이 평동군의 선두에 선 장군은 김우징이었으나, 실질적인 지휘관은 김양이었다. 김양은 스스로 평동 장군임을 자처한 것이었다.

평동군은 838년 12월. 염장, 장변, 정년, 낙금, 장건영, 이순행 등 여섯 장군과 더불어 군사를 거느리고 무주로 진격했다. 무주는 김양이 도독으로 있었던 곳으로, 그곳을 점령함으로써 유리한 전투로 이끌려는 김양의 계략이었다. 무주는 손쉽게 평동군에게 점령되었다. 정년은 무령군에서의 용맹이 그대로였다. 그의 눈부신 활약에 김양 또한 대단한 장수였음을 한눈에 알아볼 수가 있었다.

"듣던 대로 대단한 장수임에는 틀림없군. 장보고와 정년이라. 그 둘이 함께라면 대적한 자들이 없을 듯하구나."

무주가 함락되자 민애왕은 김만주에게 군사를 주어 맞서 싸우게 했지만, 이순행과 낙금 두 장수가 정년의 지휘를 받아 기병 3천 명으로 김만주의 군대를 격파하였다.

평동군은 출동한 지 한 달 만에 달구벌(대구)까지 진격했다. 평동군이 달구벌까지 왔다는 소식이 서라벌에 전해지자, 민애왕 김명의 얼굴은 새하얗게 질려 있었다.

"김우징, 그놈을 살려두었던 것이 천추의 한이로구나."

민애왕 김명은 김흔에게 10만의 군사를 주어 평동군에 대항하게 하였다. 그러나 10만의 관군이라 하더라도 이미 사기는 꺾일 대로 꺾여서 더 이상 대적할 수가 없었다. 김흔은 평동 장군 김양의 종부형으로 학문을 좋아하던 인물이었다. 그는 김양이 이끄는 평동군에게 단 한 차례의 접전으로 군대 절반 이상이 전사하는 참패를 당하였다. 이후 김흔은 다시는 벼슬을 하지 않은 채 소백산에 들어가 칡으로 옷을 해 입고 채식을 하며 중들과 여생을 보냈다.

한편, 달구벌을 떠난 평동군은 그 여세를 몰아 서라벌까지 치고 들어갔다. 절반 이상 되는 관군들이 평동군의 군사들에 의해 죽임을 당한 상태였다. 군사를 절반 이상 잃은 민애왕 김명은 분을 참을 수가 없어 부들부들 떨었다. 그러나 더 이상 장수가 남아 있지 않아 진격 명령을 내릴 수 있는 상황도 아니었다. 전세가 불리해 지자 곁에 있던 시종들마저 모두 도망쳐 버린 후였다.

결국 민애왕 김명도 평동군을 피해 도망쳤다. 이궁으로 숨어든 민애왕은 결국 평동군 군사에게 잡혀 즉위한 지 일 년 여만에 살해당하고 말았다.

김명이 죽었다는 소식은 곧 장보고에게 날아들었다.

장보고는 아무 말 없이 고개만 끄덕였다. 칼로 잡은 권력은 오래가지 못한다. 그 또한 비극적으로 최후를 맞이하고 말지 않았던가.

김명의 시신을 거두어 묻은 후, 김우징이 신라의 제45대 왕인 신무왕으로 등극하게 되었다. 왕위를 놓고 오랫동안 계속되었던 전쟁이 마침내 끝나게 된 것이다. 권력을 차지하기 위해 신하가 임금을 죽이고 형제끼리 서로 다투던 비극적인 전쟁이었다.

"이제야말로, 신라에 싸움은 사라질 것이다. 그렇지 않은가?"

"그렇지. 이제 그 피비린내는 끝이 난 것이야. 장보고의 힘이었지 않은가."

사람들의 마음속에 장보고는 그 비극적인 싸움을 끝낸 인물로 깊이 각인되었다.

신라방 사람들에게도 이 소식은 급속하게 번져 나갔다.

"장보고 대사가 신라 왕자 김우징과 합심하여 신라국을 벌하였으며 왕자는 이미 신라국 왕이 되었다."

신무왕 또한 장보고의 힘이 아니었다면, 이 싸움을 승리하지 못했을 것이라는 사실을 잘 알고 있었다. 누구보다도 장보고의 힘이었다. 신무왕은 즉시 장보고를 궁으로 불러 들였다.

장보고가 궁궐로 들어서자 신무왕은 어좌에서 내려와 직접 장보고를 맞이했다.

"대사, 어서 오시오. 대사."

김우징은 장보고의 손을 맞잡았다.

"내 대사가 아니었다면, 지금 이렇게 있지는 못했을 것이외다. 이것 모두 장 대사의 은덕이 아니겠소이까?"

"어찌 신의 공만이겠습니까? 신으로써 당연히 해야 하는 일이었나이다."

"장 대사야말로 이 나라를 구하는 데 큰 공을 세운 인물이오. 청해진을 설치한 이후 해적들이 사라졌다는 것 또한 분명 큰 공이었소. 내 경의 공을 높이 사 보답하고 싶소이다."

신무왕은 백관들 앞에서 장보고의 큰 공을 들어 직접 감의군사로 삼고, 식읍 2천 호를 하사한다는 명을 내리었다. 백관들 모두 그의 공을 높이 사면서도, 다른 한편 그의 세력이 이제는 걷잡을 수 없이 커졌다는 사실 또한 눈으로 확인하고 있었다.

"감의군사라고 하는 관직은 어떤 것이오니까?"

장보고의 부하 장수는 내심 못마땅하다는 투로 어려계에게 물었다. 그 또한 이제껏 없던 관직이었음을 이미 알고 있었다. 그것이 신라의 관직에는 없던 것이었지만, 어려계는 그것이 신무왕의 입장이라는 사실을 간파하고 있었다.

"비록 관직에는 없던 것이오나, 이것 또한 파격적인 것이 아니오니까?"

"왜 파격이란 말이오? 당연히 큰 공을 세운 대사께 큰 관직을 제수하셔야 하는 것 아니오니까? 신하들에게도 보란 듯이 말이외다."

"신라는 골품제의 뿌리가 깊소이다."

어려계도 그런 생각이 없진 않았다. 신무왕의 뜻이 높기는 하더라도 백관들의 뜻은 그에 미치지 못함이 있었던 것이다. 그는 장보고가 첫 서라벌에서 흥덕 대왕을 알현할 때에도 신하들이 골품제를 들어 반대하고 나섰던 일을 떠올렸다.

"쳇, 골품제라……."

"쉿! 누가 듣기라도 하겠소이다. 장군께서 어디 정치적 권력에 연연해하신 적이 있소이까? 장군께서 듣기라도 하시면 노하실 일이옵니다."

어려계는 현명한 인물이었다. 장보고의 심중을 꿰고 있는 그는 부하 장수의 입을 조심스레 막았다. 이제 남은 일이 또 있지 아니한가. 거기에서도 이 문제는 쉽게 넘어갈 것 같지가 않았지만, 김우징에게 장보고는 그리 쉬운 장군은 아니지 않은가. 나름대로 어려계는 재빨리 머릿속으로 계산하고 있었다.

그것은 다름 아닌 딸 의영을 왕세자비로 맞이하는 일이었다. 이미 서로 한 약속이었고, 장보고 또한 마음속으로는 간절히 바라고 있던 일이다. 하지만 한순간에 그렇게 골품제의 틀을 깨버릴 수는 없었다. 때문에 감의군사라는 관직은 신하들의 그 틀 속에 갇힌 생각을 밖으로 끌어내기 위한 일종의 준비 과정이란 생각이 앞섰다. 그래야만 뒷날 더 큰일을 성사시킬 것이 아니겠는가.

하지만 신무왕은 여러 문제를 안고 있었다. 우선 굶주림에 지친 백성들이었다. 그들에게 먼저 시급한, 먹고 사는 문제를 해결해야 했다. 또한 그 권력의 바탕에 버티고 있는 장보고가 있었다. 해적들을 소탕한 이후, 해상무역을 장악한 그가 아닌가. 해남 일대에서는 차라리 장보고를 자신들의 주인으로 생각하며 따르고 있다하지 않았던가. 신무왕은 백성들의 이 뜻을 잘 알고 있었다. 그러나 신무왕은 정치 개혁을 제대로 펼쳐 보지 못한 채, 밤마다 악몽에 시달리고 있었다. 그러다 보니 하루하루 쇠약해져 가기만 했다.

"내 반드시 원수를 갚을 것이다. 내가 죽어 구천을 떠도는 귀신이 되는 한이 있어도 반드시 김우징 네 놈의 목숨을 빼앗아 버릴 것이니라."

도망치던 이홍이 신무왕을 향해 내뱉던 목소리였다. 신무왕은 밤마다 이홍이 나타나 자신을 괴롭히는 꿈에 시달렸다.

"이홍은 이미 죽었사옵니다. 마마."

그러나 신무왕에게는 소용없는 일이었다. 밤마다 꿈속의 이홍에게 시달리던 어느 여름, 신무왕은 자리에서 일어나 비명을 지르기 시작했다.

"이홍이, 이홍이 나를 쏘았다. 꿈속에서 나는 분명 이홍의 화살을 맞았단 말이다. 의원을 부르거라. 이 내 등에 박힌 화살의 독부터 빨리 빼내야 하느니라. 어서 의원을 부르라니까."

신무왕은 미친 듯이 방 안을 헤집고 다녔다. 의원들조차 어떻게 손을 쓸 수가 없는 지경에까지 이른 것이다.

"마마, 도대체 왜 그러십니까? 그 누구도 대왕 마마를 위해할 자는 없나이다."

"이홍이 나에게 활을 쏘았다지 않더냐. 여기 보아라, 이렇게 피가 흐르고 있지 않느냐. 대체 네놈들이 의원이란 말이더냐?"

"마마, 그것은 화살을 맞은 자리가 아니오라 단지 종기일 뿐이나이다. 제발 고정하옵소서."

그러나 신무왕은 자신이 이홍으로부터 화살을 맞은 것이라는 생각에서 벗어나지 못한 채 나흘 만에 숨을 거두었다. 신무왕이 왕위에 오른 지 겨우 6개월만이었다.

"무엇이라, 신무왕께서 승하하시다니?"

왕의 승하 소식을 들은 장보고는 자리에서 벌떡 일어났다. 이 무슨 변고란 말인가. 고작 6개월밖에 되지 않았는데 갑작스런 승하라니.

"밤마다 헛것에 시달렸다 하옵니다. 이홍이 나타나 괴롭힌다 하시며 그리 시달리셨다 하옵니다."

"그 무슨 말도 되지 않는 소리더냐? 허허. 이 일을 어찌하느냐."

신무왕으로부터 아직 이렇다 할 언급도 없었다. 딸 의영의 문제를 내심 초조하게 기다리고 있던 장보고였다. 왕세자비로 반드시 맞이할 것이라던 그 약속은 어찌되는 것인가. 겉으로 드러낼 수는 없었으나, 장보고의 마음속에 뿌리 깊게 남은 상처가 출신 신분이었다.

"자네의 생각은 어떠한가? 이 일을 어찌하면 좋을 것인가?"

장보고는 정년을 불러 놓고 물었다. 정년 또한 이 사실을 알고 있었다. 이미 예전의 사이로 돌아간 이들이었다. 정년 또한 난감한 일이었다. 신무왕의 약속은 이제 그의 죽음으로 지킬 사람이 없게 된 것이다. 곰곰이 생각에 잠겼던 정년은 조심스럽게 말을 꺼냈다.

"이것은 한 나라 국왕의 약속이지 않소이까? 비록 왕이 승하하셨다 하더라도 이 약속만은 반드시 지켜져야 할 것이옵니다. 너무 상심치 마십시오."

"내 욕심이 너무 과했던 것인가."

장보고의 목소리에는 힘이 없었다.

"욕심이라니 그 무슨 말씀이십니까? 그는 분명 마마께서 직접 하신 약속이지 않습니까? 그것은 장군의 욕심이 아니오라, 임금의 명과도 같은 것이지 않겠는지요. 신하로서 임금의 뜻을 받드는 일이옵니다."

그제야 장보고의 마음도 조금은 안정이 되는 듯 싶었다. 내심 자신의 이러한 생각을 욕심이라 하지 않을까, 꺼내기가 쉽지 않은 문제였다. 그러나 지금 정년의 말처럼 그것은 자신이 원했던 일이기에 앞서 김우징이 내세웠던 말이었다.

7. 권력 다툼에 무너진 청해진의 꿈

839년. 신라 제46대 문성왕.

신무왕이 죽은 후 태자 경응이 7월 왕실의 법도에 따라 다음 왕으로 추대되었다. 그가 문성왕이었다. 피비린내 나는 전쟁을 끝낸 아버지 신무왕의 갑작스런 죽음. 그것도 꿈속에서 죽은 이홍에게 맞은 화살로 인해 죽었다니 그 모두 믿기지 않는 일이었다. 그러나 무엇보다도 자신에게 남겨진 일들이었다. 점점 비대해져 가는 호족들의 세력을 평정하는 일에서부터, 장보고와의 약속대로 딸 의영과의 혼인 문제가 큰 문제였다. 하지만 일의 순서에서 장보고의 일이 급선무였다.

'딸 의영을 맞아 들여라. 그리만 된다면 지방 호족들의 세력은 문제 될 것이 없지 않겠느냐.'

신무왕이 조용하게 자신에게 일렀던 말이었다.

"청해진에서의 언약대로 장보고의 딸과 혼인을 올렸으면 합니다. 경들의 생각은 어떻습니까?"

왕위에 오른 지 얼마 되지 않아, 문성왕은 신하들에게 장보고의 딸 의영을 왕비로 맞이하겠다는 뜻을 밝혔다. 그러나 역시 신하들은 절대 있을 수 없는 일이라며 한목소리로 호소하였다.

"지금까지 모두들 그리 알고 있던 일이 아니오? 어찌 선왕께서 돌아가셨다고 반대하는 것이오?"

"나라의 국모를 뽑는 중대한 일입니다. 그토록 중요한 일을 어찌 법도를 무시하고 함부로 결정할 수 있나이까? 비록 장보고가 강력한 군사력을 이용해 큰공을 세웠다고는 하나, 그래도 출신은 해도인이옵니다. 그런 자의 여식을 어찌 왕비로 삼겠다고 하십니까?"

다른 대신들도 장보고의 딸을 왕비로 삼는 것은 있을 수 없는 일이라 반대하고 나섰다.

"하지만, 대왕 마마. 이제 와서 약속을 지키지 않는다면 장보고는 군사를 일으켜 반란을 일으킬 것입니다."

문성왕은 입장이 난처해 졌다. 아버지 신무왕이 살아 있을 때 굳게 한 약속을 이제 와서 없었던 일로 하는 것은 말도 안 되는 일이지 않은

가. 문성왕은 난감한 표정으로 김양을 바라보았다. 김양은 장보고와 함께 신라에서 가장 강력한 권력을 움켜쥐게 된 일등 공신이었다.

"경의 생각은 어떠하시오?"

문성왕이 묻자 침묵하고 있던 김양이 마침내 입을 열었다.

"신은 잘 모르겠나이다."

"뭐라?"

문성왕은 말문이 막혔다. 김양은 전혀 당황하는 기색 없이 문성왕에게 차분한 어조로 말했다.

"마마, 신무왕께서는 어떻게 해서든 장보고 대사의 군사력이 필요했나이다. 장보고의 딸과 혼인을 약속한 것은 그의 힘을 빌리기 위해서였습니다. 임금과 신하 사이의 약속은 반드시 지켜야 하는 것이오니, 마마께서 장보고와 편안한 관계를 유지하기 위해서는 반드시 약속을 지켜야 하십니다. 하지만……."

김양은 잠시 말을 끊었다가 다시 말을 이었다.

"왕의 결혼은 매우 중요한 일입니다. 출신이 천한 자의 여식을 왕비로 맞이한다는 것은 받아들일 수 없는 문제이옵니다. 이 또한 백성들의 어버이로서 지켜야 할 도리이기 때문입니다."

문성왕은 아무 말도 할 수가 없었다. 이때 또 다른 신하가 이르기를,

"부부의 도리는 사람의 큰 윤리입니다. 그런 까닭으로 하나라 우왕은 도산씨로 해서 흥하고, 은나라 탕왕은 신씨로 해서 창성하고, 주나

라 유왕은 포사로 해서 멸망하고, 진나라 헌공은 여희로 해서 문란해졌나이다. 국가의 존망은 이와 같은 데 있으니 가히 삼가지 않으리이까? 지금 장보고는 해도의 사람인데, 그의 딸이 어찌 왕실의 배필이 되겠습니까?"

신하들도 문성왕의 난감해하는 표정을 바라보면서 아무 말도 더 이상 하지 않았다. 그것은 누구의 입장에서도 불가능한 일이었다. 그러나 한편 이 일이 잘되었다고만 생각할 수 없는 일이지 않은가. 청해진의 정예군을 등에 업고 있는 장보고였다.

문성왕도 이날은 일의 마무리를 지을 수가 없었다.

그러나 김양은 이미 오래 전부터 장보고의 세력에 대한 견제가 필요함을 잘 알고 있었던 인물이었다. 김우징에게 혼사 문제를 거론할 때에도 그것은 차후의 일이라 말끝을 흘려 두었다. 지금이 그때이지만, 그것은 당시나 지금이나 불가한 일임은 자명했다. 하지만 일의 처리는 늘 말끔하게 해야 했다.

"이제는 피의 전쟁을 끝내야 하오이다. 그러나 이때에 다시 신라 전체를 뒤흔들 일이 생겨서는 안 되는 것이외다. 안 되는 일은 안 되는 일이라 못을 박아야 합니다. 하루 바삐 합당한 왕비를 맞아들여 후사를 이어, 태평한 세월이 되어야 하나이다."

"그러나 정작 문제는 장보고 아니오니까?"

"이는 신하들 모두가 나서야 되는 일이오이다. 으음."

김양은 최고 권력자였다. 그의 말이 의미하는 바를 다른 대신들이 모를 리 없었다.

대신들이 돌아간 뒤, 김양은 홀로 앉아 술을 마셨다.

어느덧 초가을이었다. 깊은 밤하늘에는 밝은 달이 떠 만물을 비추고 있었다. 그러나 김양의 속마음은 그리 밝지가 못했다. 이제 하나가 아직 남아 있었다. 김양은 깊이 한숨을 내쉬었다.

'만약 장보고의 딸 의영 대신 내 딸 덕생을 대왕 마마의 왕비로 간택한다면…….'

김양은 내심 자신의 딸 덕생을 떠올렸다. 상대등이 자신의 뜻을 짐작하였을까 싶었다. 하지만 그보다 앞서 장보고를 어떻게 수습할 것인가가 문제였다. 이 일만 제대로 풀린다면, 만사는 물 흐르듯 흘러갈 것이었다.

'장보고는 절대 가만있지 않을 것이다. 어쩌면 청해진에서 반란을 일으킬지도 모른다. 궁궐 안에서 장보고의 군사력을 막아 낼 자는 이제 아무도 없지 않은가.'

온 나라의 군사를 관장하는 병부령 김양은 어느 누구보다 군사 정보에 밝았다. 만약 장보고의 군사와 신라 관군이 또다시 정면충돌을 한다면 절대로 이길 수 없음은 자명한 사실이었다.

'그러나 그에게 모든 권력을 줄 수는 없지 않은가. 내가 이 자리에 오르기 위해 얼마나 많은 노력을 했는데. 장보고에게 왕실까지 넘겨줄

수는 없는 일이야.'

김양은 혼자 술을 마시면서 결코 장보고에게 권력을 넘겨줄 수는 없다고 결심했다.

그는 염장을 불렀다. 그밖에 없었다.

"부르셨습니까, 나리."

김양을 바라보는 염장의 눈빛에는 충성심이 넘치고 있었다.

"내 너를 부를 이유는 달리 없구나. 오늘따라 너와 더불어 술 한 잔을 하고 싶어서이다."

"나리."

정감이 넘치는 김양의 목소리에 염장은 어찌할 바를 몰라 했다. 이제껏 이런 적은 없었다. 염장은 아직 그 무엇인가 숨겨진 의미를 찾아내지 못하고 있었다. 그것을 찾아야 했다. 주인을 위해 자신의 모든 것을 걸기로 한 지 이미 오래전이었다. 그러나 지금 김양의 속마음은 도무지 짐작하기조차 어려웠다. 최고의 권력자인 김양이었다. 그를 거스를 자는 없었다. 그때 그의 머릿속에 떠오르는 이름이 있었다. 장보고였다. 아, 내 진작 왜 그 생각을 하지 못했단 말인가.

"나리, 용서하시옵소서. 제가 무지한 탓으로 나리 심중을 헤아리지 못한 듯하옵니다."

"아니다. 자네만한 사람이 어디 천하에 또 있단 말이냐. 그저 더불어 술 한 잔을 하고 싶었을 뿐이니, 아무 생각 말고 잔이나 받거라."

김양은 자신의 속내를 내색조차 하지 않았다. 이제 이 일이 마지막이 될 것이었다. 그 마지막을 함께 할 자는 이 염장이었다. 그러나 늘 그렇듯이 항상 자신의 그늘부터 살펴야 하지 않겠는가. 지난번 김명에게 당한 일에도 믿을 만은 했지만, 마무리가 잘 되지 않아 커진 화근이 되었다.

"생사고락을 같이 한 자들이 어디 한둘이었겠느냐. 그 중 너와 나는 늘 하나였으니. 그만한 사이도 없을 듯하구나."

"황공하옵니다. 나리. 감히 어찌 그런 말씀을 하시나이까. 소인은 그저 주인의 명을 따를 뿐이오나, 제 미흡함으로 주인께 누가 된 일이 한둘이 아니옵니다. 용서하옵소서, 나리."

김양의 말은 새겨들을수록 날카로웠다. 하지만 손수 술을 부어 잔을 건네는 그의 얼굴에는 정감이 가득했다. 이 자리에서 죽는다 하더라도 아무런 미련이 없다고 염장은 생각하고 있었다.

"장보고 때문이나이까? 나리."

어렵게 던진 말이었다. 김양은 오래도록 술잔을 바라보고 있었다. 그 순간 염장은 알아차렸다. 장보고의 세력이 날로 강해지고 있는 터였다. 단지 그의 출신이 미천하다는 것뿐, 그의 세력은 저지할 수 없을 만큼이었다. 그는 무역을 통해 얻은 재력으로 신무왕의 등극에 큰 도움이 되었을 뿐만 아니라, 그의 군사들 또한 정예의 군사가 아니었던가. 지금 장보고는 끝을 모르고 치솟는 세력이었다. 그것이었다.

"참 대단한 장군이지 않더냐? 감히 누가 그 세력을 막아낼 수가 있단 말이더냐? 아니 그러하냐?"

김양은 술잔을 든 손을 부르르 떨었다. 그의 목소리 또한 가늘게 떨고 있었다.

"나리, 물길이 어찌 그 방향을 바꾸겠나이까? 또한 그 미천함을 어디에서 씻을 수 있단 말입니까? 필경 천하를 뒤집을 싹이 보이신다면 잘라야 하지 않겠나이까?"

당돌한 말이었다. 김양은 술잔을 들어 단숨에 마셔 버렸다.

'이미 이 자는 나의 속내를 알아챈 것이로구나. 그렇지 잘라버려야지. 그 방법을 찾아야 하느니라.'

김양은 자신의 술잔에 넘치도록 술을 부었다.

"나리, 잔이 넘치옵니다. 전에 보아둔 장수가 있나이다. 그 눈빛이 예사롭지는 않았으나, 한 번은 쓸 수 있는 자였나이다."

염장은 여전히 조심스런 말투였다. 그 말에 김양의 눈빛이 번뜩였다.

"누가 말이더냐?"

"이소정이라는 장수이옵니다. 재물에도, 출세에도 자신의 뜻을 분명히 지닌 자이옵니다. 오래전부터 장보고의 부하였지만, 그의 눈빛에는 그 충성심보다는 다른 뜻이 더 담겨 있었사옵니다."

"어찌 그것을 알았단 말이었더냐?"

"정년이라는 장수를 기억하시는지요?"

"정년이라, 기억하고말고. 내 장보고에게 직접 소개를 받은 장수였느니라. 그것이 어째서?"

"정년은 장보고의 혈육이나 다름없는 사람이었지만, 이제 다시 만난 지는 얼마 되지 않았나이다. 그러나 장보고는 그 자를 편애하고 있다고 이소정은 말하더니이다. 자신처럼 당나라에서부터 함께 한 장수보다도 더 아끼고 아끼는 것에 열불이 난다 하였사옵니다."

"아, 그래. 이소정이라 하였더냐?"

"그러하옵니다."

김양은 회심의 미소를 지었다. 천하의 장보고에게도 허점은 있게 마련이었다. 이소정. 김양은 가슴 깊숙하게 그 이름 석 자를 담아 두었다. 그러나 얼굴빛은 크게 달라지지 않았다. 그 다음이 문제였고, 그자를 어떻게 활용할 것인가가 중요한 문제였기 때문이었다.

"내 말이 떨어지기 전에는 그 어떤 말도 삼가야 하느니라. 경거망동은 용서치 않을 것이니라. 알겠느냐?"

"네. 나리의 명에 당장이라도 죽을 수 있는 소인이옵니다. 언제든 명령만 내리소서. 나리."

"이소정이라. 은밀하게 사람을 풀어 장보고뿐만 아니라, 그 자 또한 면밀히 살피도록 하라. 사람을 풀 때에는 네 목숨을 내놓을 만한 자가 되어야 하느니라. 명심하렷다."

김양은 염장을 물리고도 한동안 자리에서 꼼짝도 하지 않았다. '이소정이라, 이소정. 지금 대신들 또한 장보고의 비대해진 세력에 몸을 사리고 있는 때가 아닌가. 이때를 놓치고서는 반드시 내 목숨이 위태로워 질 것이다. 청해진의 군사와 정면으로 맞붙지 않으면서 장보고를 제거할 묘책을 만들어야 한다.'

문성왕은 신라 귀족들의 반대에 어찌할 줄을 몰랐지만, 해도 장보고에게 다시 한 번 자신의 뜻을 보이는 것이 옳다고 여겼다. 그뿐만 아니라 귀족들의 저러한 움직임 속에 또 다른 음모가 도사리고 있을지도 모른다는 판단이 들었던 것이다. 문성왕은 다시 대신들을 향해 명을 내렸다.

"내 선왕의 유지를 받들어 감의군사 장보고에게 앞으로도 이 왕실을 위한 충성스런 신하가 되라는 의미에서 포상을 하려 하오. 청해진 감의군사 장보고를 진해장군으로 삼고 그에게 복장을 하사하라."

김양을 비롯한 신하들은 단호한 문성왕의 명을 거역할 수는 없었다.

진해장군이라면 이제 진골 귀족에 해당하는 직급이었다. 처음 왕비로 삼겠다는 뜻은 신하들의 반대에 부딪혀 접고 있는 상황이었지만, 이번까지 마다할 수 있는 명분 또한 신하들에게는 없었다. 문성왕은 자신의 아버지 신무왕이 저 변방이라고는 하나 장보고의 세력을 마음 든든히 두었기 때문에, 나라의 안정을 바로 잡을 수가 있었다고 믿었다. 문성왕 또한 장보고에 대한 그의 힘을 자신의 편으로 만들지 않고는 그야말로 바늘방석에 앉은 것이나 다름없었다.

"이것은 잘못되어 가고 있는 것이외다. 어찌 장보고에게는 저리도 막강한 세력을 주시려 하는지 그 뜻을 헤아리지 못하겠나이다."

김양과 뜻을 같이 하던 신하들이 그의 눈치를 보고 있었다.

"맞소이다. 이제 아예 호랑이에게 날개까지 달아 주는 것이 아니외까?"

"아니 그뿐이 아니라니까요. 당나라와의 외교에도 그의 눈치를 살펴야 한단 말이오이다. 제 말이 너무 과하다고들 생각하시오?"

누구도 할 말이 없었다. 김양 또한 침묵 속에 가라앉아 있을 뿐이었다. 이제 더 이상 그를 그대로 방치해서는 안 되는 일이었다. 그렇다고 문성왕에게 정면으로 그 뜻을 거스를 수도 없는 일이었다.

며칠 후, 장보고 일행이 서라벌에 들어왔을 때였다. 염장이 급하게 김양을 찾았다.

"나리, 염탐을 하던 군사에게서 기별이 왔나이다."

"무엇이더냐?"

"곧 일본으로 회역선이 떠나는데 회역사로 이소정 또한 함께 떠난다 하옵니다."

"일본으로 회역선이? 그리고 이소정이 회역사로?"

무엇인가가 김양의 머릿속으로 빠르게 지나쳤다. 이것이다.

"또 다른 것은 없더냐?"

"이번 진해장군으로의 명에 대해 불만의 목소리가 터져 나오고 있다

하옵니다."

뜻밖의 소식들이었다.

"불만의 목소리라니? 어서 말해 보거라."

"왕비 간택 문제에 대해서는 언급이 없어 장보고 또한 연일 술에 취해 그 불만을 드러내고 있다 하옵니다."

"으음. 어쩔 수 없이 자신의 본색을 드러내고 있구나."

김양은 고심하고 있었다.

'이제 진해장군이 된 장보고가 연일 술에 취해 불만을 토로하고 있다는 내용과 일본으로의 회역선이 떠나는 데 거기에 회역사로 이소정이라.'

때는 기다리는 자에게 반드시 온다고 믿는 김양이었다.

'이 일은 반란의 징조이다.'

그 징조를 없애기 위해서는 쥐도 새도 모르게 장보고를 제거하는 것뿐이 방법이 없었다. 더군다나 이번 기회를 통해 이 신라의 모든 권력이 자신에게 돌아오게 하기 위한 묘책이 되어야 하는 일이었다. 그는 심사숙고하고 있었다. 그러다 뭔가 불현듯 떠오른 김양은 회심의 미소를 지으며 염장을 불렀다.

"이소정을 한 번 보고 싶구나. 그 자를 아주 은밀하게 만나게 준비하라."

"알겠나이다, 나리."

김양의 초조하게 이소정을 기다리고 있었다. 염장은 이내 이소정을 남모르게 저택 안으로 데려왔다. 김양은 염장에게 문밖에서 기다리게 했다. 여차하면 이소정은 살려둘 수가 없는 문제였기 때문이었다. 조금 늦게 방안에 들어서자, 이소정은 자리에서 일어나 예를 올렸다. 김양은 먼저 이소정의 얼굴을 뚫어지게 바라보았다.

"이소정이라 했더냐?"

"그러하옵니다. 청해진에서 뵈었나이다, 나리."

"그래. 내게 사람이 필요하다. 네가 나와 함께 해 준다면, 내 네가 원하는 것이면 뭐든지 들어 줄 것이니라. 어떠하냐?"

이소정은 의아한 표정으로 김양을 바라보았다. 여전히 차가운 눈빛이 자신을 쏘아보고 있었다. 이소정은 마른 침을 꿀꺽 삼켰다. 뭔가 심상치 않은 눈빛인 것만은 틀림없는 일이었다. 창호지에 너울거리던 그림자. 이소정은 지금 김양의 싸늘한 눈빛을 피해 그의 그림자를 힐끗 넘겨보았다.

"그럼 그렇게 하겠다는 뜻으로 받아들이겠다. 으음……. 듣기로는, 내달 스무날께, 일본으로 떠난다고 들었다. 맞느냐?"

"내정은 되었사옵니다……."

"어허. 조공차 떠난다고 들었다. 그 말도 맞느냐?"

김양은 여전히 싸늘한 눈빛으로 이소정을 꿰뚫듯 바라보며 낮은 목소리로 말하고 있었다. 이내 이소정은 펄쩍 뛰었다.

"조공이라니, 그 무슨 말씀이시오니까? 조공이란 나라에서 보내는 것이지, 어찌 진해장군께서……."

"내 그리 알고 있어서 이리 부른 것 아니더냐."

김양은 태연하게 더욱 목소리에 힘을 주고 있었다.

이소정은 순간 눈앞이 깜깜해졌다. 무엇인가 잘못돼 가고 있는 것이 분명했다.

'잘못돼 가고 있는 일의 내역을 자신에게 추궁하기 위해 불렀단 말인가. 아니다. 이제 김양을 위해 내가 할 일을 짚는 것이지 않은가.'

거기에 생각이 미치자 이소정은 다리의 힘이 확 풀어지는 기분이었다.

이소정은 짧은 순간에 이어지는 자신의 생각을 주체할 수가 없었다. 그 누구도 그렇게 생각한 적은 없었다. 단순한 무역선을 띄우는 일이 어떻게 조공이라는 엄청난 말로 바뀌어 버렸는지 도무지 갈피를 잡을 수가 없었다.

"열 길 물속은 알아도 한 길 사람 속은 모르는 법이지. 조정 대신들 사이에서는 이미 오래전부터 그 한 길 사람 속을 훤히 들여다보고 있질 않는가. 아니 그러하냐?"

"무역뿐이었나이다, 나리."

이소정의 목소리는 가늘게 떨리고 있었다.

"무역뿐이라니. 어찌 무역만을 중시한다는 자가 자신의 딸을 왕비로 내세울 수가 있단 말인가. 그것도 천한 해도인인 주제에 말이야. 그 속에 음흉하게 자리 잡고 있는 것이 무엇인지 정녕 모른단 말인가. 진정한 무인으로써 무인답게 살아야 하지 않겠느냐. 아니 장사꾼이면 장사꾼답게 말이야."

"……."

이소정은 말문이 막혀 버렸다. 서슬 퍼런 김양의 눈빛에 잔뜩 질려 버린 때문이었다. 엄청난 파도가 몰려오고 있었다. 그 누구의 힘으로도 그 파도를 넘어설 자신이 이소정에게는 없어 보였다. 여기에서 끝나는 것인가. 이소정의 입술이 파랗게 질려 있었다. 김양은 그런 이소정의 눈빛과 안색의 변화를 집요하게 바라보고 있었다.

"이미 돌아올 수 없는 물을 건너버린 것이질 않느냐. 그것이 무역선이 되었건 조공선이 되었건 하등의 관계도 없이 말이지. 이부장 같으면 그런 물을 또 건너려는 자가 있다면 뭐라 하겠느냐?"

"……."

"현명한 사람이라면, 건너가서는 아니 된다고 해야 하지 않겠느냐?"

"하오시면, 제가 타고 갈 배가 조공선이 되는 것이오니까?"

"배 몇 척이 중요한 것이 아니지, 그 배 안에 무엇을 싣고 가는지가 중요한 것이 아닌가. 거기에는 장 장군의 그 돌아올 수 없는 엄청난 야심이 실려 있다는 말이다. 해서 조공선이 되는 것이지. 자네는 장 장군의 밀서를 가지고 떠나는 것이다. 알겠느냐? 그 누구에게도 알리지 않은 채 단 너에게만 일러 준 밀서 말이다. 그것이 결국은 조공이 되는 것이란 말이지. 대왕의 권한을 넘어선 오만방자한 행동을 하게 된다는 말이다. 쥐도 새도 모르는 밀서를, 알겠느냐?"

김양의 얼굴에 엷은 웃음기가 퍼지고 있었다.

이소정은 이제 자신도 이 말을 들은 이상 따를 수밖에 없는 일이었다. 그렇지 않았다가는 이 자리에서 죽음을 면치 못할 것이었다. 장보고의 휘하에서는 더 이상 빛을 볼 수가 없지 않은가. 이제 신라 최고의 권력자인 김양의 수하에서 공을 세운다면 자신 또한 창창한 앞길이 보장되는 일이지 않겠는가. 이소정은 입술을 굳게 다물었다.

"네 뒤는 내가 보장할 것이다. 할 수 있겠느냐?"

"그리 하겠나이다. 나리."

"무엇이라. 어찌 진해장군이 그 같은 짓을 저질렀단 말이더냐?"

문성왕이 분노에 찬 목소리로 소리쳤다. 김양의 예상은 그대로 적중했다. 이소정을 통해 일본 측에 전달한 문서에는 버젓이 진해장군이란 관명으로 조공하는 내용이었다. 그것은 왕권을 능멸하는 대역죄였다. 김양은 그 점을 노린 것이었다. 이소정을 통한 음모는 성공적이었다.

"신라인 장보고가 작년 12월 말안장 등을 바쳤는데, 장보고는 다른 나라의 신하가 되어서 감히 문득 공물을 바치니 옛 규범을 상고해 보면 정당한 물건이 아니다. 마땅히 예의로써 거절하여 조속히 물리쳐 돌려보내도록 하라. 그들이 가지고 온 물건은 임의로 민간에 맡겨 교역할 수 있게 하라. 다만 백성들로 하여금 물건을 구매하는 값을 어기고 다투어 가산을 기울이지 않도록 하라. 이리 되어 있나이다."

일본 다자이후에서 보낸 문서를 김양은 또박또박 읽어 나갔다. 문성왕은 그 문서를 다시 확인하고는 더욱 진노하였다.

"어찌 신하된 도리로 이렇듯 불경스런 짓을 한단 말이오?"

"마마, 이는 장보고가 역모를 꾀하고 있음이 백일하에 드러난 것이외다. 처음부터 그 능력만을 높이 사서, 법도에 어긋난 등용을 하였던 것이 잘못된 것이었나이다. 이제라도 그 죄를 엄히 물으셔, 신라의 법도가 지엄함을 보이셔야 하옵니다."

"허나, 진해장군 장보고가 아직 세력이 막강한 상태이옵니다. 섣불리 일을 처리하였다가는 또 다른 반란에 휩싸이게 됨을 간과해서는 결코 아니 되옵니다. 하여."

김양의 말이었다. 그는 잠시 말을 끊었다가 다시 말했다.

"신에게 따로 묘책이 있나이다."

"그 묘책이 무엇이란 말이오?"

"군사로 그들을 제압하는 것은 현실적으로 너무 많은 손실이 있나이다. 그러하니 그를 암살한 후에 죄를 묻는 것이 가한 줄로 여겨지옵니다. 그는 본래 장수를 아낀다고 들었나이다. 그에게 인연이 있는 무주 출신 염장으로 하여금 거짓으로 투항하게 하여 장보고를 암살하게 하는 것이 가장 손쉬운 방법이나이다. 이것은 촉급한 일이온지라, 서둘러 행해야 할 줄로 아옵니다. 마마."

문성왕도 그 외의 신하들에게도 이미 장보고는 감당하기 힘겨운 세력을 지닌 인물이었다. 지금 김양의 계략이 절실함에 누구도 반대하는 자는 없었다.

"어찌 거짓으로 투항한다 말이오?"

"염장에게 적당한 죄를 뒤집어씌우고, 그가 쫓기는 자가 되게 항간에 소문을 내는 일이옵니다. 그런 소문은 삽시간에 바람을 타고 저 청해에까지 이르게 되어 있나이다. 그런 후 염장이 이 조정으로부터 쫓기어 청해진으로 숨어들어다 함이 가장 적절한 방법이옵니다."

"그 염장이란 자가 홀로 그 일을 처리할 수 있다는 것이질 않소? 신라 관군으로 당해낼 재간이 없는 청해진의 장보고를 어찌 그 혼자 감당한다는 것이오?"

"그 또한 평동군 시절 제일의 장수였나이다. 마마."

"그럼 병부령만 믿고 있겠소이다. 잘들 들으시오. 지금 이 논의는 나라의 안위와 관련된 일이오. 행여 비밀의 말이 새나가는 날에는 반드시 그 근원을 밝혀 역모로 다스릴 것이니, 뼛속 깊이 새기셔야 할 것이오. 병부령께서는 이 일을 한 치의 오차도 없도록 처리하도록 하시오."

문성왕은 엄하게 명을 내렸다.

김양에게 무거운 책임이 남겨 졌다. 만일에 염장이 실패를 하게 된다면 청해진의 병력과 맞서 싸울 각오까지 해야 했다. 그만큼 염장에게 거는 기대는 거의 절대적인 것이었다.

김양은 신중하게 일을 꾸미기 시작했다.

그러나 그 일은 사람들에게 사실처럼 들리는 이야기였다. 항간에서 나도는 얘기에 염장은 김양으로부터 신변의 위험을 느낀 나머지 어딘가로 숨어 버렸다는 것이었다. 삽시간에 소문은 퍼져나갔다. 이러한 소문은 청해진에까지 바람처럼 흘러들었다.

"김양의 처자를 죽이고 달아났다 하더이다."

"무엇이라? 병부령 김양의 심복이 김양의 처자를 죽이다니?"

"김양이 배훤백을 용서함과 동시에 장수로서 등용한 것에 대한 불만을 품었다가 김양 나리께 미움을 샀다 하오며, 그 미움으로 인하여 강등까지 되자, 그에 일을 저질렀다는 것이옵니다. 그 후 숨어 지내는데, 지금 서라벌에는 병부령 처자의 죽음으로 인하여 눈물바다라 하더이다."

"허어, 참으로 알 수 없는 일이지 않느냐? 자신의 심복 부하보다 원수를 아끼는 자도 있다더냐? 참으로 서라벌의 대신들을 알다가도 모를 일이구나."

장보고는 내심 신하들이 괘씸하던 차였다. 자신의 딸 의영이 왕세자비로 맞아들이는 것에 대하여 극구 반대를 하고 있다는 소리를 듣고부터는 은근히 부아가 치밀어 오르던 중이었다. 정년 또한 마찬가지였다. 신라 조정에서 또다시 무령군에서의 자신의 처지를 떠올린 그였다. 일이 끝나면 버리는 것이 그들의 법도인가 싶었다.

"장군, 제가 서라벌에 한 번 다녀오지요. 소문도 어디 소문으로만 믿을 수 있사옵니까? 또한 왕세자비 간택 문제에 대해서도 이제는 언급을 해야 될 시점이지 않소이까? 제가 다녀오리다."

"맞소이다. 그 문제는 반드시 짚고 넘어가야 하는 것이외다."

"하오나, 서라벌은 지금 제정신이 아닐 것이옵니다. 그렇게 어수선한 때에 차비 문제를 거론하는 것은 시기상조일 것 같습니다. 장군."

어려계의 말이었다. 항상 신중하게 처신하는 그라, 이번에도 조심스럽게 처신하자는 주장이었다. 그러나 정년은 그런 어려계의 말에 신경을 곤추세웠다.

"이 문제는 신무왕 때 끝을 보았어야 할 문제인데, 아직까지 질질 끌다가 이리 된 것이 아니오니까? 어찌 뒤로 또 미룬단 말이오? 쇠뿔도 단김에 빼라 했소이다."

장보고도 정년의 말에 동감이었다. 이제 더 이상은 기다릴 수가 없었다. 신하들의 반대에 부딪힌 일이라 하여도 이것은 선왕의 약조였다. 또한 그 약조에 대한 공식적인 말 한마디 없다는 것은 가만있다가는 될 일도 안 될 판이었다. 장보고는 허락했다.

염장이 청해진으로 찾아든 것은 정년이 서라벌로 떠난 다음날이었다.

미리 청해진의 움직임에 대한 자세한 정보를 파악한 염장이었다. 그는 청해진 군사들에게 찾아가 진해장군을 뵙고자 찾아온 염장이라 자신의 신분을 밝혔다. 장보고는 염장이 자신을 찾는다는 말을 전해 듣자 불같이 화를 내며 말하였다.

"너희들이 왕에게 권하여 우리 딸이 왕비가 되지 못하도록 하고서 무슨 염치로 나를 만나려 하느냐?"

그러한 말을 전해들은 염장은 다시 자신의 말을 전했다.

"그것은 다른 여러 관리들이 권고한 것이지, 나는 여기에 참가한 적도 없을 뿐더러 그와는 무관한 일이옵니다."

그러자 장보고는 그를 들이게 하였다. 워낙에 장수를 아끼는 장보고였으나, 이번에는 자신에 대하여 미천하다고 여기는 신하들로부터 피해 온 장수였다. 장보고 앞에 선 염장은 무릎을 꿇었다.

"무슨 일로 이곳까지 왔는가?"

"병부령 김양 나리를 뫼시던 염장이라 하옵니다. 하오나 주인 나리께 돌이킬 수 없는 짓을 저질렀나이다. 이에 화를 면하고자 장군을 찾아뵙나이다. 장군."

"돌이킬 수 없는 짓이라니? 그의 처자를 베었다는 것이 사실이더냐?"

"아니옵니다. 어찌 죄 없는 처자를 베겠나이까? 배훤백을 베었나이다."

"뭐라? 배훤백을? 아니 배훤백이 아니라 처자를 죽였다는 소문은 거짓이더란 말이냐?"

"저 또한 소문을 들었사온데, 처자를 죽인 비겁한 자로 몰아 아마 저를 잡아들이기 위한 저들의 술책이 아니었나 싶사옵니다."

"오호, 그래. 그럼 너는 네 원수의 목을 기어코 베었단 말이구나."

장보고는 그제야 마음을 풀고 소리 내 웃었다. 그러나 염장은 여전히 장보고의 처분만을 기다리는 죄인처럼 바닥에 꼼짝도 않고 꿇어 앉아 있었다. 장보고는 염장의 말을 듣고 보니 장수다운 기질이 넘치는 자였다. 장보고는 염장을 일어나게 하였다. 장수다운 장수들이 필요한 때였다. 또한 평동장군 아래 장수였던 그가 아니었던가. 장보고는 술자리를 마련하라 명령했다. 장수를 아낀다던 장보고에 대한 말들은 사실이었다. 염장은 생각했다. 이제 마지막 남은 일을 처리하기까지 반드시 일을 성사시켜야만 한다.

겨울바람이 불기 시작한 841년 11월이었다.

청해진에서는 장보고와 염장, 그리고 부하 장수들이 둘러앉아 술을 마시고 있었다. 텅 빈 나뭇가지 사이로 스쳐 지나는 바람 소리가 날카로웠다.

자리가 무르익으면서 장보고는 연거푸 술을 들이켜고 있었다. 요즘 들어서 늘 계속되던 자리였다. 그러나 오늘은 모처럼 장수가 자신을 찾아 온 자리였다. 염장에게 잔을 권하며 술을 들이켰다. 염장은 술잔은 받았으나, 조심스레 술을 자리 밑으로 흘려버렸다. 이제 때를 기다리고 있었다.

"어찌 선왕께서 약조하신 일을 신하들이 가로막고 나서는지 도대체 말이 안 되는 일이 아니오, 염 장군."

장보고는 몸을 가누기 힘겨울 정도로 취기가 올라 있었다.

"신하된 자로 군왕의 뜻을 따름은 지당한 일이 아니옵니까? 장군께서도……."

염장은 좌중을 다시 한 번 둘러보았다. 부하 장수들조차 취기가 오르기는 마찬가지였다. 순간 염장은 자리를 박차고 일어났다. 그리고는 장보고의 허리춤에 칼을 뽑아들고는 순식간에 번쩍이며 내리쳤다.

순식간에 일어난 일이었다.

염장의 단칼에 장보고는 목이 잘린 주검이 되어 있었다. 한순간에 일어난 일이라 부하 장수들조차 정신을 차릴 수가 없는 상황이었다. 이때 염장은 가슴 속에 지니고 있던 문성왕의 교지를 꺼내 들며 소리쳤다.

"대왕 마마께서 역적 장보고를 참하라 하시었다. 이는 왕권을 능멸한 죄, 반역을 꾀한 죄의 대가이니라. 함부로 경거망동할 때에는 그 또한 역적으로 처단할 것이라는 점을 명심하라. 이제 역적 장보고는 죽었소이다."

부하 장수들은 눈앞에서 벌어진 상황에 벌벌 떨며 땅바닥에 엎드려 있었다.

이제 해상 제국을 꿈꾸던 장보고는 목이 베어진 채 처참한 주검이 되어 있었다. 사사로움으로 장보고를 살해한 것이 아니라 왕명에 의해 살해한 것이라는 점을 염장은 부하 장수들에 여러 번 강조했다. 이로써 청해진 또한 비극적인 운명을 맞이한 것이었다.

일본인 승려 엔닌은 이러한 장보고의 비극적인 죽음에 대해 예감이라도 하고 있었을까. 불과 1년 전 그는 장보고에게 한 장의 편지를 보냈다.

"생전에 저하를 직접 뵈 온 적은 없으나 높으신 이름을 오래 전에 들었기에 흠앙하는 마음이 더욱 깊어만 갑니다. 봄이 한창이어서 이미 따사로운데 엎드려 비옵건대 대사의 존체에 만복이 깃드소서. 이 사람

엔닌은 각하의 무한한 은혜를 입고 끝없이 감사했습니다. 오랫동안 가슴속에 숨겼던 희망을 달성하기 위하여 저는 중국에 체류하였습니다. 용렬한 몸입니다만, 위대한 행운에 은혜를 받아 저는 대사께서 발원하신 곳에 머물 수 있었습니다. 저는 이 대단한 행복감을 말로는 다 표현할 수가 없습니다. 제가 고향을 떠날 때, 축전의 태수가 편지 한 통을 주면서 대사께 바치라고 했습니다. 그러나 갑자기 배가 바다에 침몰하여 모든 것을 유실했는데, 그때 대사께 드릴 편지도 함께 파도에 떠내려갔습니다. 이로 인한 슬픔을 느끼지 않은 적이 하루도 없습니다. 엎드려 비옵건대, 심히 꾸짖지 않기를 바랄 뿐입니다. 언제 뵈올지 기약을 할 수 없으나, 오직 대사에 대한 생각이 날로 깊어져 갈 뿐입니다. 삼가 글을 바쳐 안부를 여쭙니다. 이만 줄입니다. 삼가 올립니다."

이후 염장은 청해진을 장보고에 이어 관리하리라 했으나, 청해진 세력들도 염장의 세력을 피해 일본으로, 당나라의 산둥 반도로 이주해 버렸다. 또한 부장 이창진이 반란을 꾀하려 하였지만 이미 그 때를 놓친 후였다. 그 또한 염장에 의해 진압된 것이었다. 청해진의 주민들의 반란을 우려해 그들도 벽골군으로 강제 이주시켜 버렸다. 청해진은 장보고라는 주인을 잃자 그대로 무너진 것이었다. 해상을 통한 진정한 제국을 꿈꾸었던 장보고의 꿈이 사라지는 순간은 너무 허무한 일이었다. 김양은 장보고의 수급을 보며, 쓴웃음을 짓고 있었다.

"장군은 너무 힘이 세었소이다. 그리고 장군은 너무 지나치게 뛰어난 사람이었소. 그것을 나 또한 너무 안타깝게 생각하고 있소이다."

김양은 장보고의 수급 앞에 한 잔의 술을 넘치도록 따르고는 오래도록 말없이 술을 마시고 있었다.

장보고 연보

? 해도(海島, 莞島) 출생.

810년경 당나라로 건너간 장보고는 서주에 정착한 후 무령군에 입대.

816년 김장겸, 신라인 매매 단속을 당나라에 요청.

819년 중국 무령군 소장이 됨.

이사도 군의 토벌에 공을 세움.

828년 신라로 귀국. 흥덕왕 알현. 청해진 설치.

834년 중국, 아랍, 동남아시아 무역품에 대한 사치품 무역 금지.

837년 김우징 청해진으로 피신.

838년 김양이 김우징을 따라 청해진으로 도피하여 장보고에 의지. 김우징은 장보고의 군사 5천 명을 지원받아 민애왕 타도를 위해 진격.

839년 1월 달구벌(대구)에서 정부군 10만 대군 격파 후 서라벌(경주) 진입.

신무왕(김우징) 즉위에 공헌. 감의군사란 칭호를 하사 받음.

7월 신무왕은 즉위 6개월 만에 병으로 사망.

문성왕 즉위, 장보고를 진해 장군으로 삼고 장보고의 딸을 왕비로 삼으려 했으나 중앙 귀족들의 반대로 좌절.

840년 장보고 교역선 일본 방문.

신라, 일본, 중국과 국제무역.

841년 염장에 의해 장보고 피살.

851년 청해진 폐쇄. 청해진 주민의 벽골군 강제 이주.